STUDIEN ZUM TIMAIOSKOMMENTAR DES CALCIDIUS

I

PHILOSOPHIA ANTIQUA

A SERIES OF MONOGRAPHS
ON ANCIENT PHILOSOPHY

EDITED BY

W. J. VERDENIUS AND J. H. WASZINK

VOLUME XII

J. H. WASZINK

STUDIEN ZUM TIMAIOSKOMMENTAR DES CALCIDIUS

I

LEIDEN
E. J. BRILL
1964

STUDIEN ZUM TIMAIOSKOMMENTAR DES CALCIDIUS

I. DIE ERSTE HÄLFTE DES KOMMENTARS
(MIT AUSNAHME DER KAPITEL ÜBER DIE WELTSEELE)

VON

J. H. WASZINK

LEIDEN
E. J. BRILL
1964

PRINTED IN THE NETHERLANDS

INHALT

VORWORT

In der im vorigen Jahre als viertem Band der Reihe „Plato Latinus" veröffentlichten Ausgabe des Calcidius [1]) habe ich danach gestrebt, im zweiten dem Texte des Timaioskommentars beigegebenen Apparat das wichtigste Quellen- und Parallelenmaterial zusammenzustellen, und ausserdem in einem Kapitel der Einleitung („De Calcidii in commentario auctoribus", S. XXXV-CVI) die zahlreichen auf die Quellenfrage bezüglichen Probleme einer Betrachtung unterzogen. Da indessen das Material dort selbstverständlich nur in knapper Form vorgelegt werden konnte, und eine erschöpfende Erörterung mancher Fragen für eine unkommentierte Ausgabe zuviel Raum beansprucht haben würde, möchte ich nun in einer Reihe von Sonderabhandlungen, besonders über die von Calcidius entweder vertretenen oder referierten Lehren von der Seele, den höchsten Wesen und dem Schicksal, weitere Beiträge zur Interpretation der Timaioserklärung des Calcidius sowie zur Erforschung ihrer Vorlagen liefern [2]). Schliesslich hoffe ich der Übersetzungstechnik des Calcidius sowie der Frage, ob seine Timaiosübersetzung Spuren der früheren Interpretation dieses Dialogs enthält, eine spezielle Untersuchung widmen zu können.

In der vorliegenden Abhandlung handelt es sich um eine Interpretation der ersten Hälfte des Kommentars mit Ausnahme der Kapitel über die Weltseele, die eine gesonderte Erörterung erfordern. Die vornehmste Aufgabe war hier, die Benutzung der Timaioserklärung des Adrastos durch Calcidius (die für die Kapitel 44-46 und 59-91 völlig sicher ist) näher zu bestimmen. Dabei erwies sich eine Anordnung, wobei *a certioribus ad incertiora* fortgeschritten wird, als die zweckmässigste; jede andere Form der Disposition würde eine übergrosse Zahl von Verweisungen erfordert haben.

Herzlich möchte ich an dieser Stelle meinem Freund Olof Gigon danken für die Verbesserung des deutschen Stils.

---

[1]) *Timaeus a Calcidio translatus commentarioque instructus. In societatem operis coniuncto* P. J. Jensen *edidit* J. H. Waszink (Plato Latinus, Vol. IV. Londinii et Leidae MCMLXII).

[2]) Die Dämonologie des Calcidius (Kap. 127-136) wird mein Schüler M. A. Elferink demnächst im Zusammenhang mit der Dämonenlehre des Mittelplatonismus und des Porphyrios näher untersuchen.

I
DIE AUSFÜHRUNG *DE DIVISIONE ANIMAE* (KAP. 32-50)

Es besteht seit der ausgezeichneten Untersuchung Hillers[1]), die von Switalski[2]), sei es auch *non passibus aequis*, weitergeführt wurde, kein Zweifel darüber, dass die Kapitel 44-46 und 59-91 des calcidianischen Kommentars, d.h. ein Teil der Ausführung über die musikalischen Verhältnisse und ihre Beziehung zu den Zahlenverhältnissen sowie der lange Exkurs[3]) über die Planeten und Fixsterne, mittelbar oder unmittelbar aus der Schrift Εἰς τὸν Τίμαιον[4]) des Peripatetikers Adrastos stammen. Diese zwei Partien stimmen ja mit Abschnitten dieser Schrift des Adrastos, die von Theon von Smyrna angeführt werden, so stark überein, dass der Text des Calcidius von Hiller für die Emendation der entsprechenden Teile des Theontextes und umgekehrt angewandt werden konnte[5]). Dass Calcidius nicht den Text des Theon vor sich hatte, wie Martin[6]) vermutete, sondern denjenigen des Adrastos, wie schon Theodor Bergk, allerdings ohne weitere Begründung, behauptet hatte[7]), wurde durch die scharfsinnige Untersuchung Hillers zur Gewissheit erhoben.

Da der von Theon namentlich angeführte Abschnitt des Adrastos erst an einem Punkt beginnt (S. 49, 6 Hiller: ὁ δὲ περιπατητικὸς Ἄδραστος, γνωριμώτερον περί τε ἁρμονίας καὶ συμφωνίας διεξιών, φησί· καθάπερ τῆς ἐγγραμμάτου φωνῆς, usw.), dem der Anfang von Kap. 44

---

[1]) E. Hiller, *De Adrasti Peripatetici in Platonis Timaeum commentario*, Rhein. Mus., N.F. 26 (1871), S. 582-589.

[2]) B. W. Switalski, *Des Chalcidius Kommentar zu Plato's Timaeus* (Beitr. z. Gesch. d. Philos. d. Mittelalters. Texte und Untersuchungen. Bd. III, Heft VI. Münster 1902), S. 58-91.

[3]) Für die Bezeichnung dieses Abschnitts als Exkurs s. unten S. 31.

[4]) So wird die Schrift zitiert von Porphyrios in seinem Kommentar zur Harmonielehre des Ptolemaios (S. 96, 1-2 Düring): Ἄδραστος δ' ὁ Περιπατητικὸς ἐν τοῖς Εἰς τὸν Τίμαιον. Auch an einen Titel Ὑπομνήματα εἰς τὸν Τίμαιον lässt sich denken.

[5]) In seiner Ausgabe der Schrift Theons (Leipzig 1878), vgl. die Praefatio, S. VII.

[6]) H. Martin, *Theonis Smyrnaei liber de astronomia* (Paris 1849), S. 74 ff.

[7]) In seiner Rezension von Martins Theonausgabe, Zeitschr. f. d. Alterthumswiss. 8 (1850), S. 176.

im Kommentar des Calcidius (S. 92, 10: *Etenim quem ad modum articulatae uocis*, usw.) entspricht, und an einer mit dem Ende von Kap. 46 korrespondierenden Stelle wieder aufhört (S. 63, 22 H.), lassen sich die vorhergehenden (32-43) und folgenden (47-50) Kapitel der ein zusammenhängendes Ganze bildenden Ausführung des Calcidius über die *diuisio animae* (Kap. 32-50) nicht mit der gleichen Evidenz auf die Timaioserklärung des Adrastos zurückführen. Bevor ich nun aber daran gehe, die Herkunft dieser Kapitel weiter zu untersuchen, sei zunächst der Deutlichkeit zuliebe der Aufbau der ganzen Darlegung kurz beschrieben.

Calcidius geht aus von Tim. 35 b 4-c 2, welche Stelle er in den Kapiteln 32 und 33 erläutert, und zwar mit Hilfe eines dreieckigen Diagramms, an dessen Spitze die Zahl 1, und auf dessen Schenkeln bzw. die Zahlen 2, 4, 8 und 3, 9, 27 stehen. Sodann werden in Kap. 34 drei Fragen an die Ordnung gestellt: *cur in tantum produxerit* (sc. Plato) *diuisionem, ut septem constitueret limites . . ., deinde quos oporteat numeros imponere partibus . . ., tertio qualis esse debeat forma descriptionis.* Die erste Frage wird besprochen in Kap. 35-38, wo zunächst (35-37) die Eigenschaften der Siebenzahl erörtert werden, sodann in einem Anhang (38) auch die Zahlen Drei und Sechs besprochen werden, weil es ja zwischen den sieben Zahlen sechs Intervalle gibt, und zwar drei auf jedem Schenkel des dreieckigen Diagramms. Darauf wird in Kap. 39 nicht die zweite, sondern die dritte der angekündigten Fragen besprochen, und die Wahl der *forma triangularis* für das Diagramm verteidigt. Schliesslich wird ausführlich (Kap. 40-50) dargelegt, *quos oporteat numeros imponere partibus*. Dieser Abschnitt bildet eine zusammenhangende Erläuterung von Tim. 35 c 2 μετὰ δὲ ταῦτα — 36 b 5 πρὸς τρία καὶ τετταράκοντα καὶ διακόσια, die zugleich als Fortsetzung der laufenden Interpretation gekennzeichnet wird durch den Anfang: *Deinde prosequitur Plato* (es folgt die Übersetzung von Tim. 35 c 2-36 a 5; am Anfang von Kap. 32 wurde der unmittelbar vorhergehende Abschnitt des Timaios, also 35 b 4-c 2, gleichartig eingeführt durch: *Deinde progrediens Plato demonstrat ipsam partitionem*). Im ersten Teil dieser Partie (Kap. 40-43) wird Tim. 35 c 2-36 a 5 erörtert (am Ende wird auch 36 b 1 in die Betrachtung einbezogen) und ein zweites Diagramm gegeben, in dem zur Vermeidung von Brüchen nicht die Eins, sondern die Sechs als Grundzahl angenommen wird, und zwischen den in dieser Weise multiplizierten Zahlen des ersten Diagramms je zwei nach den arithmetischen und harmonischen Proportionen berechnete Mittelzahlen (*medietates*) eingefügt werden. Sodann wird in Kap. 44-50 Tim. 36 a 6-b 5 erläutert, und zwar in der Form, dass am Anfang von Kap. 44 zunächst 36 b 2-5 zitiert wird (wiederum durch *Deinde prosequitur* eingeführt), wonach Calcidius bemerkt: *Quid est quod uult intellegi? Dicam; sed quae ante dicenda sunt prius explicabo.* Darauf fängt dann mit den Worten *Etenim quem ad modum articulatae uocis* (S. 92, 10) der mit dem von Theon überlieferten Texte des Adrastos völlig übereinstimmende Abschnitt an, der am Ende von Kap. 46 aufhört, und der auch als Exkurs gekennzeichnet wird durch den Anfang von Kap. 47: *His igitur in hunc modum peragratis* [1]). In unmittelbarem Anschluss daran wird dann Tim. 36 a 6-b 1 angeführt, was zur Erklärung der Worte — ich zitiere die von Calcidius gegebene Übersetzung — *ex his nexibus illa prima spatia, id est epogdoi spatiis epitritorum omnium interualla complebat* zur Aufstellung eines dritten dreieckigen Diagramms führt, *ut non solum intellegendo sed uidendo etiam assequamur, quid sit et quantum illud, quod epitritis deest epogdoa ratione dimensis* (S. 97, 20-22). Hierbei wird als Grundzahl 192 angenommen [2]). Am Schluss kehrt Calcidius zu der Timaiosstelle (36 b 2-5) zurück, die er im zweiten Teil dieses Abschnitts (Kap. 44-50) zu erläutern sich vorgenommen hatte, und schliesst mit der Bemerkung, dass, weil Timaios ja *ex Pythagorae magisterio* war, der ganze bezügliche Text (*oratio*) *conueniens . . . disputanti* ist (S. 99, 25).

Es handelt sich somit darum, die Herkunft der Kapitel 32-34, 35-38, 39, 40-43 und 47-50, für die uns keine so genaue Entsprechung wie für die Kapitel 44-46 zur Verfügung steht, näher zu bestimmen, wobei die früheren Untersuchungen von Switalski und Borghorst [3]) selbstverständlich zu benutzen und nachzuprüfen sind.

Bevor ich mich der Besprechung der eben aufgezählten Einzelabschnitte zuwende, möchte ich die auf die früher zwar beachtete,

---

[1]) Dasselbe Verbum wird gebraucht am Ende des grossen Exkurses, der die Kapitel 59-91 umfasst (S. 144, 10-11): *Ac de his quidem hactenus; nunc uero iam peragratis omnibus ueniamus ad orationem.*

[2]) Krantor, von Eudoros gefolgt, nahm 384 als Grundzahl an nach Plut. De anim. procr. in Tim. 16, 1020 c; ebenso Tim. Locr. 96 b. Plutarch selbst bevorzugt 192 als Grundzahl (a.a.O.: τοῖς δ' ὑπὸ τοῦ Πλάτωνος λεγομένοις συμφωνότερόν ἐστιν ὑποθέσθαι τὸ ἥμισυ), ebenso wie Theon (S. 67, 16 ff.), der auch die andere Möglichkeit kennt. Vgl. hierzu Switalski, a.a.O., S. 77-78.

[3]) G. Borghorst, *De Anatolii fontibus* (Diss. Berlin 1905), Kap. IV: „De Chalcidio" (S. 26-38). Hiller (s. Anm. 3) hat sich über die Herkunft dieser Kapitel nicht geäussert.

aber m.E. in ihrer Bedeutsamkeit nicht genügend gewürdigte [1]) Tatsache hinweisen, dass die ganze Ausführung *de diuisione animae* (Kap. 32-50) zusammengehalten wird durch die Erörterung der dreieckigen Diagramme, die nacheinander in den Kapiteln 32-33, 41-43 und 49-50 erläutert werden, und dass Proklos in seinem Timaioskommentar, 192 c ff. (II, S. 170, 22 ff. Diehl) gerade den Adrastos [2]) als einzigen Vertreter dieser Form der Erklärung nennt. Es lohnt sich, die Stelle noch einmal in ihrem ganzen Umfang [3]) anzuführen: Ὡς δὲ συνελόντι φάναι, τρία ταῦτά ἐστιν, εἰς ἃ τέμνεται τὸ περὶ τῆς ἁρμονίας κεφάλαιον· ἐν μὲν ἡ τῶν ἑπτὰ μοιρῶν ἔκθεσις, δεύτερον δὲ ἡ τῶν δύο μεσοτήτων παρεμβολή, τρίτον δὲ ἡ κατατομὴ τῶν ἐπιτρίτων καὶ τῶν ἡμιολίων εἰς τοὺς ἐπογδόους καὶ τὰ λείμματα. διὸ καὶ εἰώθασί τινες τρία τρίγωνα ποιεῖν καὶ ἐφ' ἑνὸς μὲν γράφειν τοῦ ἐλαχίστου (vgl. Calc. Kap. 32) τὰς ἑπτὰ μοίρας, κορυφὴν ποιοῦντες τὴν μίαν μοῖραν, κατασχίζοντες δὲ τὰς ἓξ περὶ ταύτην καὶ ἐπὶ μὲν τῆς ἑτέρας πλευρᾶς γράφοντες τὸν διπλάσιον ὅλον στίχον, ἐπὶ δὲ τῆς ἑτέρας τὸν τριπλάσιον· ἐπὶ δὲ ἄλλου τριγώνου (vgl. Calc. Kap. 41) μείζονος καὶ τοῦτο περιέχοντος αὐξήσαντες τοὺς ἀριθμοὺς παρεμβάλλειν τὰς δύο μεσότητας (Calc. Kap. 40 a.E.: *ita ut maiores numeri contineantur quorum interualla binum medietatum capiant interiectionem*) πάλιν ὁμοίως, χωρὶς μὲν τοὺς διπλασίους, χωρὶς δὲ τοὺς τριπλασίους ταξάντες, ἐπὶ δὲ τῆς κορυφῆς τὴν μίαν μοῖραν (in diesem Falle, wegen der ,,Vermehrung der Zahlen'', die Sechs)· ἐπὶ δὲ τρίτου τριγώνου (vgl. Calc. Kap. 49) καὶ ἀμφότερα ταῦτα περιλαμβάνοντος ὅλον καταγράφειν τὸ διάγραμμα τὸν αὐτὸν τρόπον. καὶ οὕτως ὁ Ἄδραστος πεποίηκεν. Unmittelbar darauf fährt Proklos fort: ἄλλοι δὲ τὴν μὲν λαβδοειδῆ παρῃτήσαντο καταγραφήν, ἑξῆς δὲ ὡς ἐπὶ τῆς τοῦ κανόνος κατατομῆς τάττουσι τοὺς ἀριθμοὺς κατὰ τὰ τρία κεφάλαια, πρώτους καὶ δευτέρους καὶ τρίτους λαμβάνοντες, ὥσπερ δὴ καὶ ἡμεῖς ποιήσομεν. οὕτω δὲ καὶ ὁ Πορφύριος καὶ ὁ Σεῦῆρος ἀξιοῦσι [4]). Proklos kommt noch zweimal darauf zu sprechen, nl. 197 c (II, S. 187, 17 ff.): Ἄδραστος δὲ φιλοτεχνῶν, ὃ καὶ πρότερον εἴπομεν, λαβδοειδὲς τὸ σχῆμα ποιεῖ καὶ ἐν τρισὶ τριγώνοις

---

[1]) Hiller, a.a.O., S. 585-586, bespricht nur das erste der drei Diagramme.

[2]) Bekanntlich wurde das erste λάβδωμα schon von Krantor aufgestellt (Plut., a.a.O., 29, 1027 d). Aus dieser Anordnung hat dann Adrastos die kompliziertere Form von drei übereinandergestülpten Labdas entwickelt, wie aus der gleich im Text anzuführenden Stelle bei Proklos hervorgeht.

[3]) Gewöhnlich wird in Anführungen dieser Stelle der Anfangssatz des Abschnitts fortgelassen, obwohl er gerade die Motivierung der Aufstellung der drei Diagramme enthält.

[4]) Diese Anordnung geht nach Plutarch (a.a.O., 29, 1027 d) auf Theodoros von Soloi zurück.

ἐκτίθεται τοὺς ὅρους, ἐπὶ μὲν τοῦ ἐντὸς αὐτοῦ τοὺς ἐν τοῖς μοναδικοῖς
ἀριθμοῖς λόγους, ἐπὶ δὲ τοῦ μετὰ τοῦτο τοὺς ἑξαπλασίους τούτων, τοὺς
ἔχοντας δύο μεσότητας καθ' ἕκαστον διάστημα τὸ διπλάσιον ἢ τριπλάσιον,
ἐπὶ δὲ τοῦ ἐξωτάτου τοὺς ποιοῦντας ὅλον τὸ διάγραμμα τὸ εἰρημένον.
— 198 e (II, S. 192, 23 ff.): τοῦτο μὲν οὖν, ὅπερ ἔφην, κοινὸν ἅπασι
τοῖς διαγράμμασι· διαφέρει δὲ ἀλλήλων, ὅτι τὰ μέν ἐστι λαβδοειδῆ, τὰ
δὲ ἐπ' εὐθείας· καὶ γὰρ τῶν παλαιῶν ὁ μὲν Ἄδραστος τοῖς λαβδοειδέσιν,
ὁ δὲ Σεῦηρος τοῖς κατ' εὐθεῖαν τίθεται· καὶ τοῦτο ἄμεινον· ἐν γὰρ
τῷ λαβδοειδεῖ δὶς οἱ αὐτοὶ εὑρίσκονται ὡδὶ καὶ ὡδὶ ἀριθμοί. Ich beschränke
mich vorläufig darauf, die Stellen hier vorzulegen und bemerke im
Augenblick nur, dass Proklos ausschliesslich den Adrastos in Verbindung mit den drei λαβδοειδῆ διαγράμματα nennt, also über den
von Plutarch in diesem Zusammenhang erwähnten Krantor
(vgl. S. 4, Anm. 2) schweigt, und zweitens, dass er den Adrastos als
φιλοτεχνῶν bezeichnet.

Was nun zunächst die auf den mit Sicherheit auf Adrastos zurückzuführenden Abschnitt unmittelbar folgenden Kapitel 47-50
betrifft, so kann ich mich kurz fassen, da alles Wesentliche, das für
ihre Herleitung aus Adrastos spricht, schon von Switalski, S. 75-78,
und Borghorst, S. 30-32, zusammengestellt worden ist [1]). Das
Wichtigste von Kap. 47 steht, allerdings in anderer Anordnung,
bei Theon S. 66, 12-67, 15, vgl. besonders Calc. S. 97, 11-12: *Prima
enim symphonia est haec ipsa quae dicitur diatessaron* mit Theon
S. 66, 12: κυριωτάτη δὲ πασῶν, φησίν (Adrastos), ἡ διὰ τεσσάρων
συμφωνία. Kap. 48 ist nur eine kurze Einführung des dritten Diagramms, das dann in Kap. 49 erläutert wird. Wenn nun auch, wie
Borghorst a.a.O. hervorgehoben hat, Calcidius seine Vorlage nicht

---

[1]) Switalski gibt ebd. auch eine richtige Beurteilung der zwischen Plutarch,
a.a.O., Kap. 18-19, und Calc., a.a.O., bestehenden Übereinstimmungen.
An eine direkte Abhängigkeit des Calcidius von Plutarch ist in der ganzen
Ausführung *De diuisione animae* nicht zu denken; die Übereinstimmungen
sind höchstwahrscheinlich daraus zu erklären, dass sowohl Plutarch als
Adrastos die Timaioserklärung Krantors herangezogen haben. Besonders
instruktiv ist in diesem Zusammenhang, dass wir den Anfang von Calc.
Kap. 44 (S. 92, 10 ff.) sowohl mit seiner direkten Vorlage, dem von Theon
angeführten Abschnitt aus Adrastos, als mit der zwar parallelen, aber
nicht identischen Ausführung Plutarchs, a.a.O., 27, 1026 a, vergleichen können.
Über die Beziehungen zu Plutarch in der Lehre von der Weltseele und bei
der Besprechung des *daemonium* des Sokrates vgl. die Praefatio der Ausgabe,
S. LI-LIV und LXXXVII-LXXXVIII; mehr dazu in den folgenden Ab-
handlungen (ebd. S. LIII habe ich unrichtig auf Grund von De an. procr. in
Tim. 21, 1022 e, angenommen, dass die von Calcidius in Kap. 29-30 erörterte
Deutung der *indiuidua* und *diuidua substantia* die des Plutarch ist).

ganz verstanden hat [1]), so ist doch aus der Wahl der in diesem
Diagramm angewandten Zahlen ersichtlich, dass sein Gewährsmann
sowohl die Quarte (*diatessaron symphonia*) als die Quinte (*diapente
symphonia*) besprochen hatte; das geht auch hervor aus der in
allen wichtigeren Handschriften bewahrten Überschrift des Diagramms, die sicher auf das Verfasserexemplar des Calcidius zurückgeht: *Descriptio tertia, quae est harmonica, iuxta epogdoam rationem
modulans utramque symphoniam diatessaron et diapente.* Damit wird
weitergeführt, was am Anfang von Kap. 46 ausgeführt worden war:
*Quia igitur diapason ex duabus primigenis cantilenis diatessaron et
diapente constat, ratio autem diapason quidem in duplici quantitate
posita inuenitur;* dieser Satz steht nun aber, was Borghorst zu
bemerken unterlassen hat, in dem sicher aus Adrastos übersetzten
Abschnitt (Kap. 44-46), und damit zeigt sich, dass eine ganz
gleichartige Erörterung des dritten Diagramms sicher bei Adrastos
zu finden war. Ausserdem ist noch zu erwähnen, dass Theon und
Calcidius mit denselben Zahlen operieren (bei beiden ist 192 die
Grundzahl, während von Anderen 384 hier als Grundzahl genommen
wurde, s. oben S. 3, Anm. 2). Es scheint mir daher nichts der
folgenden Schlussfolgerung Switalskis (S. 77) im Wege zu stehen:
,,Da das ganze Werk Theo's uns beweist, dass wir diesem Verfasser
grössere Selbständigkeit seinen Quellen gegenüber zutrauen dürfen,
als dem Chalcidius, so werden wir wohl mit Recht vermuten, dass
letzterer hier die Worte Adrast's wörtlich wiedergiebt, während Theo
seine Ausführungen etwas verändert uns darbietet.''
    Das Gleiche lässt sich behaupten für die Kapitel 40-43, die
Borghorst nicht in seine Betrachtung einbezogen hat. Zunächst
ist zu bemerken, dass es sich hier um die Erläuterung des zweiten
Diagramms handelt, das, wie wir oben sahen, bei Adrastos sicher
dieselbe Form wie bei Calcidius hatte. Dazu kommt, wie Switalski
(S. 79) in seiner Besprechung dieser Kapitel (S. 78-80) bemerkt,
dass Kap. 40 nach der Anführung der einschlägigen Stelle aus dem
Timaios ebenso wie das sicher auf Adrastos zurückgehende Kapitel
44 mit einem Vergleich anhebt, und dass Adrastos gerade als
Autorität für alles auf die Musik Bezügliche galt (vgl. die oben angeführte Stelle aus Theon, S. 49, 6-7: ὁ δὲ περιπατητικὸς Ἄδραστος,
γνωριμώτερον περί τε ἁρμονίας καὶ συμφωνίας διεξιών). Ausserdem
handelt es sich um die harmonischen und arithmetischen Mittel

---

[1]) A.a.O., S. 30-32.

(*medietates*), die, wie wir aus Theons Ausführung über die ἀναλογίαι und μεσότητες (S. 106, 12-107, 14) wissen, von Adrastos [1]) erörtert worden sind. Wir dürfen daher schliessen, dass nicht nur die Kapitel 44-46, sondern die ganze Behandlung der Frage *quos oporteat numeros imponere partibus*, also die Kapitel 40-50, von Adrastos stammt.

Wir wenden uns jetzt dem Anfang der Ausführung *de diuisione animae* zu und betrachten zunächst die Kapitel 32 und 33, über die sich bisher nur Switalski, und zwar in recht oberflächlicher Weise (S. 80-81), geäussert hat. Das Kapitel 32 wird eingeleitet durch den Satz *Deinde progrediens ultra Plato demonstrat ipsam partitionem*, worauf die Übersetzung von Tim. 35 b 4-c 2 gegeben wird. Da der nächste Satz anfängt mit *In hac forma*, was sich sicher auf das erste der drei Diagramme bezieht, müssen wir annehmen, dass im Exemplar des Calcidius diese Figur unmittelbar nach der Übersetzung der eben genannten Stelle aus dem Timaios stand (in der Ausgabe war es aus drucktechnischen Gründen leider unmöglich, sie an die richtige Stelle auf S. 81 zu setzen). Das Diagramm wird nun zunächst als ein Spiegelbild der *uires animae* vorgestellt (S. 81, 25 ff.): *In hac forma uirium animae tamquam e speculo simulacrum resultat. Partitio* [2]) *quippe consideratio est uirium* [3]) *ordinatioque ueluti membrorum actuum eius officiorumque* [4]) *et omnium munerum designat congruentiam tribus hoc asserentibus praecipuis disciplinis, geometrica arithmetica harmonica, ex quibus geometrica uicem obtinet fundamentorum, ceterae uero sup‹er›structionis* [5]). Zu der letzten

---

[1]) Vgl. ebd. S. 106, 15 ff.: τούτων (nl. τῶν μεσοτήτων) δέ φησιν ὁ ῎Αδραστος μίαν τὴν γεωμετρικὴν κυρίως λέγεσθαι καὶ ἀναλογίαν καὶ πρώτην, usw.

[2]) *Partitio* ist das Schlagwort der ganzen Ausführung, wie aus dem oben zitierten Einleitungssatz hervorgeht; es stammt natürlich aus dem vorhergehenden Satz im Platontext (35 b 4): ἤρχετο δὲ δ ι α ι ρ ε ῖ ν ὧδε.

[3]) Dass bei der Erklärung dieser Stelle die δυνάμεις der Seele erwähnt zu werden pflegten, geht hervor aus Plut., a.a.O., 3, 1013 a: ῾Ομαλῶς δὲ πάντες οὗτοι (nämlich Krantor u.A.) . . . οἴονται τὴν ψυχὴν . . . πλείονας . . . δυνάμεις ἔχειν, εἰς ἃς ἀναλύοντα θεωρίας ἕνεκα τὴν οὐσίαν αὐτῆς λόγῳ τὸν Πλάτωνα γιγνομένην ὑποτίθεσθαι καὶ συγκεραννυμένην. Zu θεωρίας vgl. hier *consideratio*, das in Kap. 264 (S. 270, 1 f.) sicher für θεωρία steht: . . *totius philosophiae spectatur officium, consideratio et item actus, consideratio quidem ob assiduam contemplationem rerum diuinarum et immortalium nominata*. Die Verbindung von *contemplatio* und *consideratio* findet sich auch in Kap. 6 (S. 59, 19).

[4]) Man beachte den Gräzismus: ὥσπερ μερῶν τῶν ἐνεργειῶν αὐτῆς. Dasselbe öfters im Kommentar, z.B. Kap. 220 (S. 232, 21-22): *uelut ex capite fontis cordis sede*.

[5]) Statt des überlieferten *substructionis*, das ich in der Ausgabe unrichtig beibehielt, ist natürlich mit einer ganz leichten Änderung *sup‹er›structionis*

Bemerkung gibt es eine Parallele aus Adrastos in der soeben
genannten Ausführung Theons über die ἀναλογίαι und μεσότητες.
Nach einer Aufzählung von sechs Arten von μεσότητες sagt Theon
(S. 106, 15 ff.): τούτων δέ φησιν ὁ Ἄδραστος μίαν τὴν γεωμετρικὴν κυρίως
λέγεσθαι καὶ ἀναλογίαν καὶ πρώτην· ταύτης μὲν γὰρ αἱ ἄλλαι προσδέονται,
αὐτὴ δ' ἐκείνων οὐχί, ὡς ὑποδείκνυσιν ἐν τοῖς ἐφεξῆς. Die Parallele ist
zwar insoweit keine vollständige, als Adrastos in dem angeführten
Satz über die fundamentale Bedeutung der geometrischen μεσότητες, Calcidius dagegen über die der Geometrie als solchen spricht,
wir dürfen es aber m.E. als sicher betrachten, dass Adrastos in seiner
weiteren Begründung dieses Satzes (ὡς ὑποδείκνυσιν ἐν τοῖς ἐφεξῆς
sagt ja Theon) eben die fundamentale Stellung der Geometrie
gegenüber den beiden anderen Wissenschaften als Grund für seine
Äusserung über die geometrischen μεσότητες angeführt hat. Der
folgende Satz, in dem Definitionen von Punkt, Linie, Fläche und
Körper gegeben werden, stimmt völlig mit einem wieder aus Adrastos übernommenen Abschnitt Theons (S. 111, 14-20) überein, wie
schon Switalski a.a.O. hervorgehoben hat.

Wir stellen somit fest, dass in Kap. 32 das Folgende auf Adrastos
als Vorlage des Calcidius hinweist: a) das Diagramm; b) die Bemerkung über die Geometrie als Grundlage der anderen Wissenschaften; c) die vier am Ende gegebenen Definitionen. Dazu
kommen nun zwei Beobachtungen, die allerdings nicht den Wert
von Argumenten haben, nämlich dass der zweite Satz nach dem
Zitat einen deutlichen Gräzismus enthält (s. S. 7, Anm. 4), und
weiter dass die Geometrie, Arithmetik und Harmonik gekennzeichnet werden als *tres praecipuae disciplinae*, was zu der Charakterisie-
rung des Adrastos durch Proklos als φιλοτεχνῶν (s. S. 4 a. E.) genau
passt.

Deutlicher noch ist der Einfluss des Peripatetikers in den drei
ersten Sätzen von Kap. 33. Ich muss den Text hier vollständig
anführen (S. 82, 9-15): *Ista ergo descriptio* (d.h. das Diagramm)
*quae partium ex quibus anima constare dicitur genituram seu coagmen-
tationem deliniat, ostendit rationem animae corporisque coniugii.*

---

zu lesen. Das Substantiv ist zwar sehr selten, vgl. aber Seneca Controu. I
prooem. (S. 66, 4-5 Kiessling): *hoc fundamentum superstructis tot et tantis
molibus obruebatur*; Quintil. Instit. I 4, 5: *quae* (nl. *eloquentia*) *nisi oratoris
futuri fundamenta fideliter iecit, quidquid superstruxeris corruet*; Tacit.
Ann. IV 62: *neque fundamenta per solidum subdidit neque firmis nexibus
ligneam compagem superstruxit*; Rufin. Orig. Selecta in Psalmos, *ad* Ps. 47, 15.

*Quippe corpus animalium, quod inspiratur animae uigore, habet
certe superficiem, habet etiam soliditatem.* Quae igitur cum uitali
uigore penetratura erat tam superficiem quam soliditatem, similes
soliditati, similes etiam superficiei uires habere debuit, siquidem paria
paribus congregantur. Dazu ist die von Theon (S. 63, 25-65, 9) im
Wortlaut bewahrte und von Proklos In Tim. 192 b-c (II, S. 170,
5 ff.) teils zitierte, teils paraphrasierte Ausführung des Adrastos zu
stellen in der, allerdings in Verbindung mit den λόγοι ἐναρμόνιοι,
die hier bei Calcidius noch nicht an der Reihe sind (mehr dazu
unten), dasselbe erörtert wird. Eine gewisse Ausführlichkeit lässt
sich bei der Besprechung dieser Stelle nicht vermeiden, zumal da
sie auch von Bedeutung ist für die weitere Frage, ob Calcidius den
Adrastos direkt oder indirekt benutzt hat. Es handelt sich um das
Problem, warum Platon καὶ γένος διάτονον καὶ συστήματος μέγεθος
ἐπὶ τὸ τετράκις διὰ πασῶν καὶ διὰ πέντε καὶ τόνον ¹) προαγήοχεν (Theon
S. 63, 25-64, 1). In unmittelbarem Anschluss daran heisst es: εἰ δὲ
λέγοι τις, φησὶν ὁ Ἄδραστος, ὡς οὐ δέον ἐπὶ τοσοῦτον ἐκτεῖναι (denn
Aristoxenos ging nur ἐπὶ τὸ δὶς διὰ πασῶν καὶ διὰ τεσσάρων, und die
νεώτεροι ἐπὶ τὸ δὶς ²) διὰ πασῶν καὶ τόνον) . . . ῥητέον, φησίν, ὡς ἐκεῖνοι
μὲν πρὸς τὴν ἡμετέραν χρῆσιν ὁρῶντες οὕτως ἐποίουν, ἡγούμενοι μὴ
πλεῖόν τι τούτων δύνασθαι μήτε τοὺς ἀγωνιζομένους φθέγγεσθαι μήτε
τοὺς ἀκούοντας εὐγνώστως κρίνειν, Πλάτων δὲ πρὸς τὴν φύσιν ὁρῶν,
ἐπειδὴ τὴν ψυχὴν ἀνάγκη συνισταμένην καθ' ἁρμονίαν μέχρι τῶν στερεῶν
προάγειν ἀριθμῶν (den Kubikzahlen, nl. 8 und 27) καὶ δυσὶ συναρμό-
ζεσθαι μεσότησιν, ὅπως διὰ παντὸς ἐλθοῦσα τοῦ τελείου στερεοῦ κοσμικοῦ
σώματος πάντων ἀντιληπτικὴ γενήσεται τῶν ὄντων, καὶ τὴν ἁρμονίαν αὐτῆς μέχρι τούτου προαγήοχε, τρόπον τινὰ καὶ κατὰ τὴν αὐτῆς φύσιν ἐπ'
ἄπειρον δυναμένην προϊέναι. Es handelt sich bei Adrastos und Calcidius deutlich um die gleiche Erklärung: die Weltseele muss den
Weltkörper mit Lebenskraft durchdringen (vgl. die Worte des

¹) Die Erklärung der vielerörterten Stelle am deutlichsten bei Taylor,
A Commentary on Plato's Timaeus (Oxford 1928), S. 139: ,,We can see already
also what the compass of the scale Timaeus is contemplating must be. It
must be represented by the ratio of the two extreme terms to one another,
i.e. by 27/1 or 1/27. This will give us four octaves (16/1) *plus* a fifth *plus* a
tone, since ¹⁶/₁ × ³/₂ × ⁹/₈ = 27." Das καὶ τόνον lässt Proklos aus (S. 170, 18-20).
²) Sowohl bei Theon als bei Proklos ist ein τρὶς überliefert, was, weil
es sich bei diesen ,,Jüngeren" um ein fünfzehnsaitiges Instrument (πεντεκαι-
δεκάχορδον) handelt, unmöglich richtig sein kann. Diehl hat im Proklostext
das τρὶς durch δὶς ersetzt, Bullialdus tat dasselbe in seiner Theonausgabe
(Paris 1644), wo er ausserdem καὶ τόνον tilgte; dagegen hat Hiller die hand-
schriftliche Lesart beibehalten.

Adrastos διὰ παντὸς ἐλθοῦσα τοῦ τελείου στερεοῦ κοσμικοῦ σώματος;
Calcidius *penetratura erat*, usw.); darum muss sie bis zu den Kubikzahlen 8 und 27, die ja zu den dreidimensionalen Körpern gehören,
vordringen.

Wie nun aber die Seele überhaupt imstande ist, den dreidimensionalen Weltkörper zu durchdringen, wird nicht mehr in Kap. 33
erörtert, sondern in der Zusammenfassung am Ende von Kap. 38
(S. 88, 6-10): *sufficiat igitur demonstrasse rationem nascentis animae,*
quae incorporationi erat destinata, quod orsa a singularitate, indiuidua
atque incorporea re, gradatim per lineam et superficiem increuerit
usque ad perfectum corpus . . . proptereaque tam subtilia quam solida
penetret mundi sensilis corpora. Allerdings liegt die Voraussetzung
für diese Behauptung in dem, was in Kap. 33 (S. 83, 9-10) über die
μονάς bemerkt wird: *Apex ergo numerorum singularitas sine ullis*
partibus, ut geometrica nota, was zurückweist auf Kap. 32 (S. 82, 3-5):
Etenim quod nullas partes habet proptereaque sub nullos sensus uenit,
est tamen et animo cernitur, geometrae notam appellant. Man hätte
also den eben aus Kap. 38 angeführten Satz in Kap. 33 erwarten
können, und zwar unmittelbar nach dem oben (S. 8-9) zitierten
Anfang des Kapitels, auf den jetzt die Erklärung des Textes unvermittelt folgt (S. 82, 15) — die Vermutung drängt sich auf, dass
Calcidius eine zusammenhängende Darstellung des Gegenstandes
(wie sie von Macrob., In somn. Scip. II 2, 3-14 gegeben wird) in
Kap. 32-33 gekürzt hat.

Wir wollen nun zunächst unsere Aufmerksamkeit auf das hier
zugrunde liegende Problem richten. Jeder Erklärer des Timaios
hatte die Frage zu beantworten, wie es möglich war, dass die Weltseele den dreidimensionalen Körper des Weltalls sowohl zu durchdringen als zu umgeben (mehr dazu unten S. 57 ff.) vermochte, was
natürlich erforderte, dass sie selbst, um es in der üblichen Formulierung zu sagen, „das τριχῇ διαστατόν hatte." Ging man hier ausschliesslich von dem Mythos des Timaios aus, wonach die Weltseele
ihre Existenz einer Mischung von drei Elementen verdankte, deren
jedes wiederum aus einer Mischung einer „unteilbaren" und „teilbaren" Essenz hervorgegangen war — ich folge hier der m.E.
überzeugenden Deutung Cornfords —, so gab es auf Grund der in
ihr anwesenden „teilbaren" Elemente — wie man nun auch die
Worte τῆς αὖ περὶ τὰ σώματα γιγνομένης μεριστῆς erklärte — keine
besondere Schwierigkeiten [1]). Wenn man dagegen ausging von der

---

[1]) Für die umstrittene Frage der Zusammensetzung der Weltseele nach

sonstigen Lehre Platons, wie sie namentlich im Phaidon und Phaidros vorlag, so hatte man zu erklären, wie die ihrem Wesen nach unkörperliche Seele überhaupt dazu fähig war, den Weltkörper und damit den Raum zu durchdringen.

Adrastos ging nun, wie das auch von einem Peripatetiker, der eine Erklärung zum Timaios schrieb, zu erwarten war, von dem Texte des Timaios aus und fand in den in der *psychogonia* verwandten Kubikzahlen 8 und 27 die Tatsache, dass die Weltseele den Weltkörper durchdringt, ausgedrückt. Das wurde schon hervorgehoben von August Boeckh in seiner berühmten Abhandlung „Über die Bildung der Weltseele im Timaeos des Platon" (Kleine Schriften, III, Leipzig 1866, S. 159): „Ein so grosses System (nl. eine vierfache Oktave und eine grosse Sexte) war bei den Griechen in keiner Zeit gebräuchlich, sondern ist eine blosse Speculation, und ohne Zweifel ist man bis zu der dritten Potenz der ersten geraden und ungeraden Zahl fortgegangen, weil die Seele ja ebenfalls bis in die Körper vordringen muss", und dazu in Anm. 1: „Diese scharfsinnige Bemerkung gehört dem Adrastos bei Theon Musik S. 98. Proklos zum Tim. III, S. 192". Der „gemischte Charakter" der Weltseele wird hier also ohne weiteres hingenommen — Adrastos erklärt eben den Timaios aus sich selbst. Allerdings ist beachtenswert, dass von dem Ausgangspunkt (Calc. *orsa*), der *singularitas*, hervorgehoben wird, dass sie *indiuidua atque incorporea res* ist — dadurch wird angegeben, aber nur implizit, dass die Weltseele *ex origine* unkörperlich ist. Dagegen wird disertis verbis von der wesentlichen Unkörperlichkeit der Seele ausgegangen in der Erörterung desselben Problems, die wir in der bekannten von Nemesios De nat. hom. 2 (S. 69-72 Matth.) überlieferten Reihe von Argumenten gegen die Annahme der Körperlichkeit der Seele antreffen. Bekanntlich schreibt Nemesios selbst diese Argumente dem Ammonios und Numenios zu; dagegen vertritt H. Dörrie, *Porphyrios'* „*Symmikta Zetemata*" (München 1959), S. 129-131, die Ansicht, dass es sich hier um eine „Zusammenfassung jahrhundertelangen Widerspruches gegen die Stoa" handelt. Ansprechend ist seine Vermutung, dass die knappe Formulierung der Argumente dem Porphyrios zuzuschreiben ist; jedenfalls ist es auf Grund der starken Abhängigkeit des Nemesios von Porphyrios äusserst wahrscheinlich, dass Nemesios auch hier aus ihm schöpft. Gegenüber der Wahr-

---

35 a 1 ff. vgl. besonders Cornford, Plato's Cosmology[2], S. 61, für ihre Zwischenstellung die ausgezeichnete Ausführung ebd., S. 64.

scheinlichkeit dieser Annahme, die uns hier zunächst interessiert, muss die Frage vorläufig offen bleiben, ob Porphyrios dann älteres Lehrgut zusammenfasste oder Argumente wiedergab, die das geistige Eigentum des Numenios und Ammonios waren. Für die zweite Möglichkeit spricht m.E. erstens, dass Numenios die Stoa öfters bekämpft hat, zweitens, dass sein Einfluss auf Porphyrios feststeht, und drittens, dass wenigstens das erste von Nemesios erwähnte Argument im Grunde mit Numen. Fr. 13 (S. 133, 9 ff. L.) identisch ist. Für Ammonios vgl. H. Krause, *Studia Neoplatonica* (Diss. Leipzig 1905), S. 5-11.18; weiter wird Willy Theiler, wie er mir brieflich mitteilt, in einer demnächst erscheinenden Abhandlung die Möglichkeit erörtern, dass Porphyrios gelegentlich von Plotin weg auf Ammonios zurückgreift.

Es zeigt sich nun in dem Nebensatz, der dem zur Diskussion stehenden Argument vorangeht, dass die Stoiker die Durchdringung des Körpers durch die Seele als ein Argument für ihre Körperlichkeit angeführt hatten: Εἰ δὲ λέγοιεν ὅτι τὰ σώματα τριχῇ διαστατά ἐστιν, καὶ ψυχὴ δὲ δι' ὅλου διήκουσα τοῦ σώματος τριχῇ διαστατή ἐστι, καὶ διὰ τοῦτο πάντως καὶ σῶμα. Die unmittelbar folgende Widerlegung ist selbstverständlich durch die angegriffene These beeinflusst, geht also von der wesentlichen Unkörperlichkeit der Seele aus: ἐροῦμεν ὅτι πᾶν μὲν σῶμα τριχῇ διαστατόν, οὐ πᾶν δὲ τὸ τριχῇ διαστατὸν σῶμα. καὶ γὰρ τὸ ποσὸν καὶ τὸ ποιόν, ἀσώματα ὄντα καθ' ἑαυτά, κατὰ συμβεβη-κὸς ἐν ὄγκῳ ποσοῦται. οὕτως οὖν καὶ τῇ ψυχῇ καθ' ἑαυτὴν μὲν πρόσεστι τὸ ἀδιάστατον, κατὰ συμβεβηκὸς δὲ τῷ ἐν ᾧ ἐστι διαστατῷ ὄντι συνθεω-ρεῖται καὶ αὐτὴ τριχῇ διαστατή. Während also für Adrastos auf Grund des von ihm erklärten Timaiostextes die Weltseele eben als „Mischung" gegeben ist, betonen die die Stoa bekämpfenden Platoniker ihre wesentliche Unkörperlichkeit.

Weiter ist noch hierzu zu nehmen die von Porphyrios in der bekannten Stelle De abstin. II 37 mitgeteilte Beschreibung der Weltseele. Es sei hier nebenbei bemerkt, dass diese Beschreibung gemeinhin als die Ansicht des Porphyrios selbst angeführt wird, während dieser doch ebd. 36 a.E. die ganze Ausführung als „die Offenbarung von gewissen Platonikern" (ἃ δ' οὖν τῶν Πλατωνικῶν τινὲς ἐδημοσίευσαν) charakterisiert; allerdings ist anzunehmen, dass der Abschnitt, der deutlich durch die Timaioserklärung bedingt ist — A.R. Sodano (s. S. 16 Anm. 1), S. 34, spricht mit Recht von „una sintesi rapidissima" des Timaios — eine von Porphyrios geteilte Ansicht wiedergeben mag. Die Stelle lautet: ... ἡ τοῦ κόσμου ψυχὴ ἔχουσα μὲν τὸ τριχῇ διαστατὸν καὶ αὐτοκίνητον ἐκ φύσεως, προαιρεῖσθαι δὲ πεφυκυῖα τὸ καλῶς καὶ εὐτάκτως κινεῖσθαι καὶ κινεῖν τὸ σῶμα τοῦ κόσμου κατὰ τοὺς ἀρίστους λόγους. δέδεκται δὲ τὸ σῶμα εἰς ἑαυτὴν καὶ περιείληφεν, καίπερ ἀσώματος οὖσα καὶ παντὸς πάθους ἀμέτοχος. Die Worte δέδεκται . . . τὸ σῶμα εἰς ἑαυτὴν καὶ περιείληφεν lassen es als sehr wahrscheinlich erscheinen, dass auch diese Ausführung von der Timaioserklärung ausgeht, denn die beiden Zeitwörter beziehen sich doch wohl auf die Beseelung des Weltkörpers von innen und von aussen her, wie sie in Tim. 36 e 2-3 beschrieben wird (mehr dazu unten S. 57 ff.). Auffällig ist, dass hier die zwei Behauptungen, dass die Seele das τριχῇ διαστατόν von Natur besitzt, und dass sie unkörperlich und παντὸς πάθους ἀμέτοχος ist, unvermittelt nebeneinander stehen, während bei Nemesios der Begriff des συμβεβηκός angewandt wird; das bestätigt die Vermutung, dass Porphyrios an der erstgenannten Stelle mehr referiert, während wir bei Nemesios seine eigene Formulierung (wofür auch der peripatetische Terminus spricht) vorfinden.

Auf Porphyrios (vgl. Mras (s. S. 14, Anm. 1), a.a.O. S. 36-37) geht sicher auch die oben (S. 10) schon erwähnte zusammenhängende Darstellung dieses Gegenstandes durch Macrobius In somn. Scip. II 2, 3-14 zurück, die abgeschlossen wird durch die Worte (§ 14): *Timaeus igitur Platonis in fabricanda mundi anima consilium diuinitatis enuntians ait illam per hos numeros fuisse contextam, qui et a pari et ab impari cybum id est perfectionem soliditatis efficiunt, non quia aliquid significaret illam habere corporeum, sed ut possit uniuersitatem animando penetrare et mundi solidum corpus implere, per numeros soliditatis effecta est* (vgl. auch die sicher aus Porphyrios [1]) übernommene Ausführung ebd. I 12, besonders § 6: *animae enim, sicut mundi, ita et hominis, unius modo diuisionis reperientur ignarae, si diuinae naturae simplicitas cogitetur, modo capaces, cum illa per mundi, haec per hominis membra diffunditur*; Willis z. St. zitiert Plotin I 1,8 und Porphyr. Sent. 5).

Wir kehren jetzt zu dem Ausgangspunkt dieses Exkurses zurück und stellen fest, dass wir in dem angeführten Abschnitt der Timaioserklärung des Adrastos den Grundgedanken der Ausführung des Calcidius wiederfinden. Es soll aber sofort hinzugefügt werden,

---

[1]) Nicht aus Numenios, wie E. A. Leemans annahm, der den ganzen Abschnitt I 11, 10-12, 17 als testim. 47 in seine Fragmentsammlung aufgenommen hat; vgl. dazu R. Beutler, Gnomon 16 (1940), S. 113-114 und P. W., Suppl. VII, Kol. 676-677.

dass Adrastos diese Gedanken äussert in einem Zusammenhang,
der bei Calcidius noch nicht an der Reihe gestellt ist, nämlich bei
der Erörterung der Frage, warum Platon καὶ γένος διάτονον καὶ
συστήματος μέγεθος ἐπὶ τὸ τετράκις διὰ πασῶν καὶ διὰ πέντε καὶ τόνον
προαγήοχεν (dasselbe, sicher aus Porphyrios, bei Macrobius, a.a.O., II
1, 24: *ultro* (sc. als die auf den *flatus et auditus humanus* berechneten
Harmonien, vgl. dazu oben S. 9) *autem se tendit harmoniae caelestis
accessio id est usque ad quater* διὰ πασῶν καὶ διὰ πέντε). Dagegen fängt
die Besprechung der Zahlen in Verbindung mit der *harmonia* bei
Calcidius erst mit Kap. 40 an, sodass hier davon noch nicht die
Rede ist. Es hat darum wenig Zweck, unsere Aufmerksamkeit
weiter auf die Benutzung dieses Adrastosabschnitts durch Proklos,
der ihn in seinem Timaioskommentar 192 b-c (II, S. 170, 5 ff.)
teils zitiert, teils paraphrasiert, und auf seine Nachwirkung bei
Macrobius (a.a.O. II 2) zu richten. Mras [1] hat, m.E. völlig zurecht,
den Schluss gezogen, ,,dass beide diese Stelle nicht direkt dem
Adrastos, sondern einem neuplatonischen Kommentar zum Timaeus
entlehnt haben, ohne Zweifel dem des Porphyrios, der ebenfalls
die dreidimensionale Ausdehnung der Weltseele angenommen hat,
s. De abstin. II 37: ἡ τοῦ κόσμου ψυχὴ ἔχουσα μὲν τὸ τριχῇ διαστατόν''
(dass die letzte Behauptung eine Modifizierung erfordert, geht aus

---

[1]) K. Mras, *Macrobius' Kommentar zu Ciceros Somnium. Ein Beitrag zur
Geistesgeschichte des 5. Jahrh. n. Chr.* (Sitzungsber. d. preuss. Akad. d. Wiss.,
Phil.-Hist. Klasse. 1933, VI), S. 37. — Mras weist (a.a.O., S. 36-37) darauf
hin, dass sowohl bei Proklos als bei Macrobius ein Finalsatz steht (Prokl.:
ἵνα προίῃ μέχρι τῶν στερεῶν ἀριθμῶν; Macrob.: *ut . . . ad utriusque* (nl. *numeri*)
soliditatem usque procederet (nl. *anima*) *quasi solidum omne penetratura*),
der sich in dem von Theon angeführten Text des Adrastos nicht findet, und
schliesst daraus, dass jeder von beiden hier den Timaioskommentar des
Porphyrios ausschreibt bzw. übersetzt. Es scheint aber, dass Proklos den
Text des Porphyrios nicht ganz im Wortlaut wiedergibt (wie denn auch die
soeben besprochene Stelle aus Adrastos von ihm teils paraphrasiert wurde);
es fehlt nämlich bei ihm der Gedanke von der Durchdringung des Weltkörpers durch die Weltseele, die sich sowohl im Text des Adrastos (s. oben)
findet als bei Macrobius an der soeben angeführten Stelle (und noch ebd. II
2, 14: *ut possit uniuersitatem animando penetrare et mundi solidum corpus
implere*). Das Wahrscheinlichste ist also, dass dieser Gedanke in der Anführung oder Paraphrase der Stelle aus Adrastos bei Porphyrios zum Ausdruck
gebracht wurde, dass Proklos ihn aber in seiner Paraphrase des Porphyrios-
textes (ἅτε σωμάτων ἐσομένη προστάτις) fortliess. Da der Gedanke bei Adrastos
deutlich ausgesprochen ist, lässt sich aus der Vergleichung dieser Texte
nichts gewinnen für die Entscheidung der Frage, ob Calcidius die Schrift
des Adrastos direkt oder durch die Vermittlung des Porphyrios gekannt hat;
zu beachten ist immerhin, dass er den auf Porphyrios zurückzuführenden
Finalsatz nicht hat.

der soeben gegebenen Erörterung dieser Stelle hervor). In Anm. 2
bemerkt er, ebenso richtig: „Chalcidius bleibt hier für die Vergleichung ausser Betracht. Er sagt einfach (K. 38 S. 105, 2 ff. W.)
*sufficiat igitur demonstrasse rationem nascentis animae ... quod ...
tam subtilia quam solida penetret mundi sensilis corpora.''* Es lassen
sich somit in diesem Fall keine Schlüsse ziehen für die Entscheidung
der Frage, ob Calcidius den Text des Adrastos direkt oder indirekt
durch Porphyrios gekannt hat. Es ist möglich, dass er hier einen
früheren Passus aus der Schrift des Adrastos vor Augen hatte, in
der, ohne Rücksichtnahme auf die λόγοι ἐναρμόνιοι, von der Durchdringung des Weltkörpers durch die Weltseele die Rede war; wir
müssen dann annehmen, dass derselbe Gedanke später von Adrastos
wieder aufgenommen wurde bei seiner Besprechung der Frage,
warum Platon das σύστημα bis zu einer so hohen Zahl „fortgeführt"
hatte. Daneben besteht aber auch die Möglichkeit, dass Adrastos,
der ja als besondere Autorität περί τε ἁρμονίας καὶ συμφωνίας
(Theon S. 49, 6-7) galt, sich nur an der angeführten Stelle hierüber
geäussert hat, und dass Calcidius, der diese Ausführung des Adrastos
ja nicht an dem geeigneten Ort in dem die Kapitel 40-50 umfassenden Abschnitt bringt [1]), sie selbständig von der Verbindung mit der
harmonia gelöst und an den Anfang der Abhandlung *de diuisione
animae* gesetzt hat; das ist auch darum nicht unwahrscheinlich,
weil auch sonst grössere und kleinere Änderungen seiner Vorlage
bei ihm zu konstatieren sind (vgl. meine Anmerkungen in der Ausgabe zu Kap. 44-46 und 59-91 und Verschiedenes aus dem von
Switalski, S. 65, Anm. 1, gesammelten Material). Aber wie dem
auch sei, die Tatsache, dass er den Gedanken von der Durchdringung des dreidimensionalen Weltkörpers durch die Weltseele
mit ihrer „mathematischen Erläuterung" direkt oder indirekt
aus Adrastos übernahm, lässt sich nicht bezweifeln.

Damit kommen wir zu dem zweiten Teil dieses Abschnitts
(Kap. 35 [2])-38), in dem die Wahl der Zahlen Sieben, Drei und Sechs
für das erste Diagramm durch eine Ausführung über ihre *proprie-*

---

[1]) Calc. Kap. 44-46 entspricht dem Adrastoszitat bei Theon S. 49, 6-63,
22. Nach einem das Ganze abschliessenden Satz (S. 63, 22-24), der wohl
sicher auch bei Adrastos stand, und von Calcidius fortgelassen wurde,
bringt Theon dann in S. 63, 25-65, 9 die oben (S. 9) angeführte Adrastos-
stelle über die Zahl 27; wir dürfen wohl annehmen, dass er hier die Ordnung
des Adrastos beibehalten hat. Im Kap. 47 des Calcidius aber findet sich erst
wieder eine Entsprechung mit Theon S. 66, 12-13.

[2]) Für Kap. 34, wo sich eine (unvollständige) Parallele zu Plut. De anim.
procr. in Tim. 29 findet, vgl. Switalski, S. 81.

tates motiviert wird. Am Anfang wird bemerkt: *Erit autem probatio auctoritatibus nixa*; aus dem folgenden Satz geht hervor, dass Calcidius unter diesen *auctoritates* die Pythagoreer versteht: *Etenim septem numerus laudatur a Pythagoreis ut optimus et naturalissimus et sufficientissimus.* Wir können für diese Kapitel keine genaue Entsprechung aus Adrastos anweisen, denn der Abschnitt der Schrift Theons (S. 99, 24-104, 19), in dem sich zahlreiche Parallelen zum Texte des Calcidius vorfinden, geht, wie Borghorst in einer ausführlichen und sorgfältigen Beweisführung dargetan hat (a.a.O., S. 11-26), nicht auf Adrastos, sondern auf Moderatos zurück. Auf Grund der ansehnlichen Zahl der Einzelheiten, die sich sowohl bei Theon als bei Calcidius, wenn auch in verschiedener Anordnung, vorfinden, kann man auf den Gedanken verfallen, dass das von Calcidius, der ja die Schrift Theons nicht gekannt hat, ausgebreitete Material ebenfalls aus Moderatos stammen könnte. Das würde dann weiter, weil es als äusserst unwahrscheinlich zu betrachten ist, dass Calcidius für den Abschnitt *de diuisione animae* zwei griechische Fachschriften herangezogen hätte — wobei noch besonders in Rechnung zu ziehen ist, dass die Schrift des Moderatos sich nicht auf den Timaios bezog, also kaum von Calcidius herangezogen sein kann —, zu dem Schluss führen müssen, dass unser Autor seine Kenntnisse von der Schrift des Moderatos aus zweiter Hand hat; und da es nun, wie A. R. Sodano neulich hervorgehoben hat, wahrscheinlich ist, dass Porphyrios in seinem Timaioskommentar den Adrastos für die λόγοι ἐναρμόνιοι, den Moderatos aber für die λόγοι ἀριθμητικοί und γεωμετρικοί herangezogen hat [1]), so könnte man dann zu der weiteren Hypothese kommen, dass Calcidius auch in Kap. 32-50 den öfters von ihm herangezogen Kommentar des Porphyrios benutzt hat, in dem hier dann das Meiste (jedenfalls die Vorlage der Kapitel 32-33 und 40-50 und, wie wir noch sehen werden, des Kapitels 39) aus Adrastos, dagegen das den jetzt zur Besprechung stehenden Kapiteln Entsprechende aus Moderatos stammen würde. Eine weitere Betrachtung führt uns aber dazu, diese Vermutungen von der Hand zu weisen.

Zunächst ist zu bemerken, dass, wie Hiller schon beobachtet hat [2]), neben den Übereinstimmungen zwischen den Texten des

---

[1]) *Per un'edizione critica dei frammenti del commento di Porfirio al Timeo di Platone. La problematica e la metodologia critica delle fonti* (Atti dell'Accademia Pontaniana, Nuova Serie, Vol. XII, Napoli 1963), S. 37 und 43.

[2]) A.a.O. (s. S. 1, Anm. 1), S. 584, Anm. 1.

Theon und Calcidius auch zahlreiche Divergenzen stehen, wobei
besonders zu beachten ist, dass Calcidius Verschiedenes bietet,
das sich bei Theon nicht findet. So steht dort unter den Beispielen,
die die Bedeutung der Siebenzahl in der Natur dartun sollen,
nicht die von Calcidius (S. 86, 11-12) erwähnte Reihe der Vokale [1]).
Auch gibt es Unterschiede in den Formulierungen; so sagt z.B.
Theon über die dritte und vierte ἑβδομάς des menschlichen Lebens
(S. 104, 7-9): γένεια δὲ ὡς ἐπίπαν ἐν τρίτῃ καὶ τὴν εἰς μῆκος αὔξην
ἀπολαμβάνει, τὴν δ' εἰς πλάτος ἐν τετάρτῃ ἑβδομάδι [2]), während
Calcidius schreibt (S. 86, 3-6): *Tertia uero hebdomade ostentat se
flos et lanugo circa genas. Quarta uero hebdomade definiuntur in-
crementa staturae, quinta* (von Theon nicht erwähnt) *plenam iuuenilis
aetatis affert perfectionem.* Man kann nun allerdings annehmen,
dass Calcidius, wie üblich, genau seiner Vorlage folgt, dass aber
Theon dort den Moderatostext nicht genau anführt, und sich für
die letzte Annahme darauf berufen, dass Theon den Adrastos sicher
auch nicht fortwährend genau zitiert hat. Demgegenüber ist zweierlei zu bemerken. Erstens pflegt Theon dort, wo er den Adrastos
wirklich anführt, wie sich besonders deutlich durch einen Vergleich
mit den „astronomischen" Kapiteln des Calcidius (59-91) zeigt,
keine Änderungen von der Art der oben angeführten anzubringen
— höchstens fügt er einen Satz zur Erläuterung ein, der deutlich
als solcher markiert ist [3]). Es ist mir daher ganz unglaublich, dass
Theon in dem Satz über die ἑβδομάδες im menschlichen Leben den
Text des Moderatos in der Weise abgeändert haben sollte, dass er die
fünfte ἑβδομάς ausliess und eine allgemeine Mitteilung über das
menschliche Wachstum in zwei Notizen, bzw. über das Wachsen
in die Länge und in die Breite, aufspaltete. Eine solche Annahme
wird nun aber noch unwahrscheinlicher auf Grund der Tatsache,
dass an zwei Stellen, wo wir den Text Theons mit von Stobaios

---

[1]) Dagegen findet sie sich in der gleichartigen Aufzählung bei Macrobius,
a.a.O. I 6, 70 (dort wohl sicher aus dem Timaioskommentar des Porphyrios,
s. Mras, a.a.O., S. 21-22, wo auch darauf hingewiesen wird, dass Calcidius
seine Vorlage ohne weiteres übersetzt, während der immer römisch fühlende
Macrobius hinzufügt: *licet Latinitas ... quinque pro septem tenere maluerit*).

[2]) Wie Theon auch Macrobius, a.a.O., I 6, 72. Sodann bespricht Macrobius
noch die fünfte (ähnlich wie Calcidius), sechste, siebente und zehnte *hebdomas*
(§§ 73-76).

[3]) Ein deutliches Beispiel (schon von Hiller, a.a.O., S. 585, hervorgehoben)
findet sich bei Theon S. 147, 16 ff., wo die Meinung Platons der des Adrastos
entgegengesetzt wird, während Calcidius an der entsprechenden Stelle
(Kap. 74, S. 122, 9-10) den Hinweis auf Platon nicht hat; dieser ist also von
Theon in die Anführung des Adrastostextes eingefügt worden.

bewahrten Fragmenten des Moderatos vergleichen können (s. dazu Borghorst, S. 19-20), Theon den Moderatos entweder buchstäblich abschreibt oder nur ganz geringfügige Änderungen macht. Ich glaube daher den Schluss ziehen zu dürfen, dass Theon in dem den Kapiteln 35-38 des Calcidius im Grossen und Ganzen entsprechenden Abschnitt den Text des Moderatos genau wiedergibt; dann müssen wir aber erklären, woher Calcidius denn das überschüssige Material, wie z.B. die Mitteilungen über die Vokale und über die fünfte *hebdomas*, genommen hat, und da liegt es auf der Hand anzunehmen, dass er auch in diesem Teil seiner Ausführung dem Adrastos gefolgt ist. Man kann demgegenüber anführen, dass es sich in diesem Abschnitt um von Calcidius selbst als „Pythagoreisch" gekennzeichnetes Material handelt, und dass es nicht ohne weiteres evident ist, dass der Peripatetiker sich in seiner Timaioserklärung ausführlich über diese pythagoreischen Zahlenspekulationen zu äussern berufen gefühlt hat. Nun ist es aber sehr beachtenswert, dass Porphyrios in seinem Kommentar zur Harmonielehre des Ptolemaios die Anführung einer Stelle aus dem Timaioskommentar des Adrastos, die auch von Theon (S. 50, 5 ff.) angeführt wird und sich in dem von Calcidius übersetzten Abschnitt (Kap. 44; vgl. meine Anm. zu S. 92, 19-93, 2) befindet, in folgender Weise einführt (S. 7, 22-23 Düring): ὁ γοῦν περιπατητικὸς Ἄδραστος τὰ κατὰ τοὺς Πυθαγορείους ἐκτιθέμενος γράφει. Adrastos' Ausführungen über die Bedeutung der ἐναρμόνιοι λόγοι im Timaios wurden somit von Porphyrios als eine Darlegung pythagoreischer Lehre betrachtet; dann ist es aber wahrscheinlich, dass Adrastos auch die Wahl der Zahlen Sieben, Drei und Sechs mit pythagoreischem Material begründet hat, natürlich auf Grund dessen, dass Timaios allgemein als Pythagoreer galt (vgl. das Ende von Calc. Kap. 50). Da es sich hier um sehr bekannte Einzelheiten handelte (vgl. die Anmerkungen zu diesen Kapiteln in der Ausgabe), so dürfen wir annehmen, dass das Material des Adrastos dem des Moderatos recht ähnlich war — daher die Übereinstimmungen zwischen Theon und Calcidius — aber dennoch genug davon abwich um die Divergenzen zwischen den beiden genannten Autoren verständlich zu machen.

Die Annahme, dass Calcidius auch in den Kapiteln 35-38 den Text des Adrastos übersetzt, erhält eine Stütze in dem Umstand, dass das Ende von Kap. 38, wie wir schon oben (S. 10) erörtert haben, einen mit Sicherheit für Adrastos in Anspruch genommenen Gedanken aus dem Anfang der Ausführung wiederholt; die ganze

Partie Kap. 32-38 stellt sich somit als ein geschlossenes Ganze dar. Dazu kommt, dass das nächste Kapitel (39) eine, allerdings eigentümliche, Verteidigung der Wahl des in Kap. 32-33 erläuterten dreieckigen Diagramms bringt, wie es eben von Adrastos aufgestellt worden war.

Über dieses Kapitel noch ein Wort. Man erwartet nach der Ankündigung am Ende von Kap. 34 (*tertio, qualis debeat esse forma descriptionis*) eine Rechtfertigung der Wahl eines dreieckigen Diagramms, und der Anfang lässt eine solche Rechtfertigung auch erwarten (S. 88, 11-13): *Nunc praestanda est ratio formae istius triangularis, in qua sunt limites septem et sex interualla duplicis et triplicis quantitatis* (also das erste Diagramm des Adrastos, das in Kap. 32-33 erläutert worden war). Nun wird aber dieses Diagramm deswegen als für die Erklärung besonders geeignet bezeichnet (*Nullam dico esse aptiorem figuram*), weil es an seiner Spitze die Eins hat, die ja „der Ursprung aller Dinge" ist und allein unter den Zahlen *inconcusso iure est atque in statu suo perseverat semper eadem, semper immutabilis et singularitas semper, quem ad modum diuina omnia quae nulla temporis progressione mutantur suntque semper impetibili felicitate.* Die aus Moderatos stammende Ausführung Theons über die μονάς (S. 99, 24-100, 8) enthält besonders zum zweiten Satz des Calcidius viele Parallelen (vgl. z.B. Calc. S. 88, 20 *ex propria natura recedentibus* (sc. *aliis numeris*) — Th. S. 100, 2-3 (μηδεπώποτε) τῆς αὐτῆς (l. αὐτῆς) ἐξισταμένη φύσεως); wir dürfen annehmen, dass Adrastos τὰ κατὰ τοὺς Πυθαγορείους ἐκτιθέμενος (vgl. S. 18) über die μονάς ganz Ähnliches ausgeführt hat, zumal es sich, wie schon hervorgehoben wurde, bei diesen Aufzählungen der *proprietates numerorum* um vielfach Wiederholtes handelt. Im ersten Satz sind nun aber besonders interessant die Worte *ut per eam uelut emissaculum quoddam tamquam e sinu fontis perennis prouidae intellegentiae quasi quidam largus amnis efflueret ipsaque singularitas mens siue intellegentia uel ipse deus opifex intellegatur esse.* Das ist, wenn nicht alles täuscht, eine von Calcidius selbst vorgenommene Ausarbeitung einer kurzen und zum festen Bestand gehörenden Notiz des Adrastos über die Gleichstellung der μονάς mit dem νοῦς (vgl. z.B. Theon S. 100, 4-6 — also in dem aus Moderatos übernommenen Abschnitt — καθ' ἣν (sc. τὴν μονάδα) πᾶν τὸ νοητὸν καὶ ἀγέννητον καὶ ἡ τῶν ἰδεῶν φύσις καὶ ὁ θεὸς καὶ ὁ νοῦς καὶ τὸ καλὸν καὶ τὸ ἀγαθὸν καὶ ἑκάστη τῶν νοητῶν οὐσιῶν; Alex. Aphrodis. In Arist. Metaphys. S. 39, 13 Hayd.: νοῦν δὲ καὶ οὐσίαν ἔλεγον τὸ ἕν).

Wie schon van Winden bemerkt hat [1]), erinnert die Terminologie
hier stark an die Kapitel 176 und 188, wo Calcidius über die höchsten
Wesenheiten handelt, und zwar, wie ich demnächst weiter zu
begründen hoffe, in starkem Anschluss an Porphyrios, der hier
auf Gedanken sowohl des Numenios als der chaldäischen Orakel
zurückgriff. Der Ausdruck *prouida intellegentia* zeigt die Gleichsetzung von *prouidentia* und νοῦς, die wir sowohl in Kap. 176
(S. 204, 9-10) als in dem numenianischen Bericht über die ἀρχαί
(Kap. 296; S. 298, 16) antreffen, wo die Worte des Timaios 48 a 1
ἐξ ἀνάγκης τε καὶ νοῦ durch *ex prouidentia et necessitate* wiedergegeben werden [1]). In denselben Zusammenhang gehört hier *mens*

---

[1]) J. C. M. van Winden, *Calcidius on Matter. His Doctrine and Sources.
A Chapter in the History of Platonism* (Leiden 1959), S. 105. Zu Kap. 188 (und
176) ist besonders zu vergleichen W. Theiler, *Die chaldäischen Orakel und
die Hymnen des Synesios* (Schr. der Königsberger gel. Gesellsch., Geisteswiss.
Kl., 18. Jahr, Heft 1, Halle (Saale) 1942), S. 6-7, wo der Inhalt dieser Kapitel
mit einer von Porphyrios vertreten Form der Hypostasenlehre der chaldäischen Orakel verbunden wird. Ein Unterschied besteht allerdings darin,
dass in den chaldäischen Orakeln der δεύτερος νοῦς dem νοῦς der zweiten
plotinischen Hypostase entspricht (der höhere νοῦς, der πατρικὸς νοῦς, ist
mit dem Πατήρ selbst eng verbunden und gehört somit zur ersten Hypostase),
während bei Calcidius (Kap. 177, S. 206, 3) die *secunda mens (intellectusque)*
mit der *anima mundi tripertita* identifiziert wird und daher nicht der zweiten,
sondern der dritten Hypostase entspricht (so auch Kap. 188, S. 213, 1-2:
tertiam porro esse substantiam quae secunda mens intellectusque dicitur);
dagegen nennt Arnobius in Adu. nat. II 25, wo er sicher dem Porphyrios
folgt (vgl. Theiler, a.a.O.), die Seele nach den beiden *mentes* an vierter Stelle
(*anima . . . post deum principem rerum et post mentes geminas locum obtinens
quartum*). Esscheint mir, dass die Bezeichnung der Weltseele als *secunda mens*
bei Calcidius den Einfluss zeigt der von Numenios vorgenommenen Gleichsetzung der zweiten und dritten Hypostase (vgl. dazu besonders Beutler im
Art. *Numenios* 9), P.-W. Suppl. VII, Kol. 672), die die unmittelbare Vorlage
des Calcidius, d.h. Porphyrios, sowohl direkt als durch Vermittlung der
chaldäischen Orakel (wo sich Ähnliches findet, vgl. den gleich anzuführenden
Aufsatz von Dodds, S. 271) gekannt haben mag. Zu den Übereinstimmungen
zwischen dem System des Numenios und den chaldäischen Orakeln vgl.
E. R. Dodds, Harvard Theol. Review 54 (1961), S. 270-272, und P. Hadot,
Rev. Ét. Augustin. 6 (1960), S. 211, Anm. 24; über die Beziehungen Dodds,
a.a.O., S. 271: „Some sort of bridge must have linked the two systems; but I find
it hard to be quite sure which way the traffic ran. It could even have been a
two-way traffic, since so far as our scanty knowledge goes Numenius and
Julianus may well have been contemporaries." Da nun aber Beutler, a.a.O.,
Kol. 665, schwerwiegende Gründe für einen Ansatz des Numenios in die
erste Hälfte des zweiten nachchr. Jahrhunderts angeführt hat, ist eine Abhängigkeit der chaldäischen Orakel von Numenios m.E. bedeutend wahrscheinlicher. Ich hoffe diesen ganzen Fragenkomplex in einem der nächsten
Faszikel dieser Studien mit der hier nötigen Ausführlichkeit zu erörtern.

[1]) Alles weitere hierzu in der Praefatio der Ausgabe, S. XL-XLI. Beson-

siue intellegentia (vgl. dazu besonders Kap. 176 a.E.) sowie die Gleichsetzung von *prouidentia-mens-intellegentia* mit dem Demiurgen *(deus opifex)* [1]. Da es indessen wenig wahrscheinlich ist, dass Calcidius bei Porphyrios eine ähnliche Lobpreisung des ja von diesem abgelehnten dreieckigen Diagramms finden konnte, scheint mir die plausibelste Lösung, dass er hier ein νοῦς, das er im Texte des Adrastos vorfand, selbständig in etwas exuberanter Weise durch diese ihm vertrauten Ausdrücke wiedergegeben hat.

Ich komme somit zu dem Schluss, dass es am wahrscheinlichsten ist, dass die Ausführung des Calcidius über die *diuisio animae* die Übersetzung eines zusammenhängenden Abschnitts aus der Timaioserklärung des Adrastos ist. Die Herkunft seiner Darlegungen aus diesem Kommentar ist evident für die Kapitel 44-46, wo wir den ursprünglichen Text des Adrastos durch die Vermittlung Theons noch zum Vergleich heranziehen können, und so gut wie sicher für die Kapitel 32-33 und 39, deren Inhalt ja zu den von Proklos über Adrastos gemachten Mitteilungen völlig stimmt. Für die Kapitel 40-43 und 47-50 können wir nur wenige Parallelen aus dem aus Adrastos Bekannten anführen, dafür aber ist zu erwägen, dass es sich dort zunächst um die Erläuterung des zweiten und dritten der von Adrastos genau so aufgestellten Diagramme handelt. Für die Kapitel 35-38 lassen sich keine genauen Entsprechungen aufweisen, es zeigte sich aber auf Grund der zwischen den Texten des Theon und Calcidius bestehenden Divergenzen als unwahrscheinlich, dass das von Calcidius an dieser Stelle ausgebreitete Material aus dem dort von Theon benutzten Moderatos herzuleiten sei. Auch ist es keineswegs undenkbar, dass Adrastos die pythagoreischen Spekulationen über die Eigenschaften der zur Rede stehenden Zahlen wiederholt hat, da es sich ja um die Erklärung einer Ausführung des als Pythagoreer geltenden Timaios handelte (s. oben S. 18).

---

ders beachtenswert ist noch die Übersetzung von νοῦς in 47 e 4 durch *prouida mens dei* (Kap. 268, S. 273, 11).

[1]) Van Winden, a.a.O., schreibt: ,,he identifies the monad with God.'' Das ist richtig, soweit es die pythagorisirende Literatur betrifft (vgl. z.B. die aus Theon angeführte Stelle), aber in Kap. 176 und 188 ist, wie bei Numenios und Porphyrios, der Weltschöpfer nicht der höchste Gott. Besonders interessant ist in diesem Zusammenhang die Ausführung über die *monas* bei Macrobius In somn. Scip. I 6, 7 f., die nach Theiler, a.a.O., auf den Timaioskommentar des Porphyrios zurückgeht: *unum autem, quod* μονάς *id est unitas dicitur, . . . ipse non numerus, sed fons et origo numerorum. haec monas . . . ad s u m m u m refertur d e u m e i u s q u e i n t e l l e c t u m.*

Es bleibt dann noch die Frage, ob Calcidius die Timaioserklärung des Adrastos selbst benutzt hat oder ob er sehr ausführliche Abschnitte daraus in dem Timaioskommentar des Porphyrios vorgefunden hat, wie das z.B. von Mras, a.a.O., S. 39, angenommen worden ist. Ich habe diese Frage schon in der Einleitung zu der Ausgabe (S. C-CI) besprochen, möchte aber dem dort Ausgeführten noch einiges hinzufügen.

Die Möglichkeit, dass Calcidius die Abschnitte aus Adrastos durch die Vermittlung des Porphyrios kennengelernt hat, ist sicher ernsthaft zu erwägen. Denn erstens gehörte Adrastos ja zu den Autoren, die Plotin in seinen Vorlesungen erläuterte (Porphyr. Vit. Plot. 72), zweitens führt Porphyrios ihn zweimal an in seinem Kommentar zur Harmonielehre des Ptolemaios [1]), und drittens bezeugt Simplikios (In Arist. Phys., S. 122, 23 ff. Diels), dass Porphyrios die Erklärung der aristotelischen Physik durch Adrastos zitiert hat. Es gibt nun aber m.E. vier Argumente, die dagegen sprechen, dass Porphyrios hier als Vermittler fungiert hat (die zwei ersten habe ich schon in der Ausgabe, S. CI, erwähnt). Erstens ist es schwer vorstellbar, dass Porphyrios in seinen Timaioskommentar aus Adrastos Abschnitte von einer solchen Länge aufgenommen haben würde: bei Calcidius sind jedenfalls die Kapitel 59-91 (d.h. 28½ Seiten der Ausgabe) und 44-46, vermutlich aber, wie eben besprochen wurde, die Kapitel 32-50 (fast 19 Seiten) auf den Text des Adrastos zurückzuführen — man müsste dann also annehmen, dass Porphyrios fast 48 Seiten aus Adrastos buchstäblich zitiert hätte. Demgegenüber kann man allerdings hervorheben, dass es, wie ich in der Einleitung (S. LXIII) ausgeführt habe, wahrscheinlich ist, dass Calcidius die lange Abhandlung über das Fatum (Kap. 142-190), deren Kern sicher einem Vertreter des Mittelplatonismus zuzuschreiben ist [2]), aus Porphyrios übernommen

---

[1]) S. 7, 24-8, 5 Düring (bei Theon S. 50, 5-12; für Calcidius s. die Anm. zu S. 92, 19-93, 2); ebd. S. 96, 1-6 (bei Theon S. 50, 22-51, 4; von Calc. ausgelassen).

[2]) In der Praefatio der Ausgabe habe ich die Vermutung ausgesprochen (S. LVIII-LXIII), dass Calcidius seine ganze Abhandlung über das Schicksal (Kap. 142-190) aus Porphyrios übernommen hat, dass aber der unzweifelhaft zum Mittelplatonismus gehörende Urheber der Theorie, wonach das Schicksal nur ἐξ ὑποθέσεως eingreift, Numenios war. Ich hatte damals übersehen, dass W. Theiler, *Tacitus und die antike Schicksalslehre* (Phyllobolia für Peter von der Mühll, Basel 1946, S. 35-90) sehr schwerwiegende Gründe — darunter vor allem die Tatsache, dass diese Theorie dem Tacitus laut Ann. VI 22 bekannt war — angeführt hat zur Unterstützung der schon von Gercke ausgesprochenen Annahme, dass der Urheber vielmehr Gaios gewesen sein

hat. Dazu ist nun aber zu bemerken, dass, wie die zahlreichen
Übereinstimmungen mit der Schrift des Alexander von Aphrodisias
über das Schicksal sowie verschiedene neuplatonische und den
chaldäischen Orakeln entnommene Elemente in der Lehre von den
höchsten Hypostasen (Kap. 176 und 188) zeigen, Porphyrios hier
zwar von einer mittelplatonischen Theorie ausgeht, sie aber, wie
ich demnächst zu zeigen hoffe, ziemlich stark umgearbeitet hat. Es
lässt sich also keineswegs sagen, dass Porphyrios den Mittelplatoniker dort seitenlang abgeschrieben hat, und es ist von da her somit
kein Argument zu gewinnen für die Annahme, dass Porphyrios
fast fünfzig Seiten aus Adrastos wörtlich angeführt haben würde.

Zweitens würde man in diesem Falle erwarten, wenigstens etwas
darüber zu hören, dass Porphyrios die drei dreieckigen Diagramme
des Adrastos ablehnte, und die auf Theodoros zurückgehende
Anordnung der Zahlen ἐφ' ἑνὸς στίχου (vgl. oben S. 4) bevorzugte.
In diesem Zusammenhang ist es besonders beachtenswert, dass
Macrobius, der in seinem Kommentar zum Somnium Scipionis,
I 6, 46, das erste Dreieck des Adrastos, wohl sicher durch Vermitt-
lung des Porphyrios, beschreibt, ebd. II 2, 16-17 auch die von
Porphyrios vertretene Anordnung erwähnt [1]). Es wäre nun aber

mag. Da es aus diesem Grunde klar ist, dass die „ἐξ ὑποθέσεως — Theorie"
älter sein muss als Numenios (auch wenn man Beutlers sehr wahrscheinliche
Frühdatierung dieses Philosophen unterschreibt), so ist anzunehmen, dass
die systematische Darlegung dieser Theorie im ersten Teil (Kap. 142-159)
der calcidianischen Abhandlung über das Schicksal auf einen früheren
Platoniker zurückgeht, wobei die Tatsache, dass auch Albinos Kap. 26 sie
vertritt, die Urheberschaft des Gaios recht wahrscheinlich macht. Es bleibt
allerdings zu beachten, dass, wie aus einem Vergleich mit der an manchen
Stellen im Wortlaut gleichen pseudoplutarchischen Abhandlung Περὶ
εἱμαρμένης hervorgeht, der Text des Calcidius starke Eingriffe in die ursprüngliche Form der Theorie aufzeigt (besonders die Eliminierung der drei Arten
der πρόνοια). Im zweiten Teil der Abhandlung (Kap. 160-175), der die Widerlegung der stoischen Schicksalstheorie enthält, finden sich dagegen einige
unleugbare Numeniana; das Wichtigste ist die Übereinstimmung zwischen
Kap. 174 und dem zu dem Referat der Lehre des Numenios gehörenden
Kapitel 298 (s. dazu die Praefatio, S. LIX). Im dritten und letzten Teil
(Kap. 176-190) finden sich ebenfalls verschiedene Spuren des Einflusses des
Numenios. Das wahrscheinlichste ist, dass Calcidius, wie ich schon in der
Praefatio ausgeführt habe (S. LXIII), die ganze Abhandlung aus Porphyrios
geschöpft hat, der sowohl Gaios wie Numenios und Alexander von Aphrodi-
sias herangezogen hat. Der genaueren Bestimmung und Abgrenzung der
verschiedenen Bestandteile hoffe ich eines der folgenden Faszikel dieser
Studien zu widmen.

[1]) Borghorst, a.a.O., S. 44, achtete nur auf die erstgenannte Stelle und
schloss daraus: „omnino non potest fieri, ut Porphyrii vestigia pressisse
Macrobium statuamus." Auf die zweite Stelle machte Mras, a.a.O., S. 16,

pythagoreischen Lehre durch Numenios, die er in den Kapiteln
sehr befremdlich, wenn Calcidius, der seinen Vorlagen doch recht
unkritisch gegenüberzustehen pflegt, aus der bezüglichen Ausführung des Porphyrios die von diesem referierte [1]) und abgelehnte
Erklärungsweise übernommen, dagegen die von ihm befürwortete
abgelehnt und sogar stillschweigend übergangen hätte.

Dazu kommt nun ein weiteres, m.E. sehr schwerwiegendes
Argument, das schon von Hiller (a.a.O., S. 584) in seiner durchaus richtigen Beweisführung zur Begründung der Annahme, dass
Calcidius nicht den Text des Theon, sondern den des Adrastos
vor Augen hatte, angeführt worden ist: „Saepe accidit ut compi-
latores nomina eorum quorum libros exscribunt reticeant. Itaque
si Chalcidius Theone usus esset, de nomine Theonis non citato
haudquaquam miraremur. Sed cur etiam de Adrasto, quem Theo
passim commemorat, taceret? Ceterorum scriptorum a Theone cita-
torum satis magnam partem nominat, et si Adrasti quoque nomen
nonnunquam inseruisset, certe disputationi doctiorem quandam
speciem dedisset neque ullo modo ei timendum fuisset, ne furtum
Theoni factum detegeretur. Haec autem mirandi causa tollitur, si
eum ipso Adrasto usum esse statuimus". Das Argument, das von
Hiller für die Entscheidung der Frage „Adrastos oder Theon?"
angewandt worden ist, lässt sich nun aber mit gleichem Recht
für die Entscheidung der Frage "Adrastos oder Porphyrios?"
anwenden: hätte Calcidius die beiden langen Abschnitte aus dem
Timaioskommentar des Porphyrios übernommen, so hätte er den
Namen des Adrastos sicher mehrere Male, auf jeden Fall in den
Kapiteln 32 (bzw. 44) und 59, genannt [2]). So darf es m.E. auch als
sicher betrachtet werden [3]), dass Calcidius die Darstellung der

---

aufmerksam. Vgl. zum Ganzen auch Sodano, a.a.O., S. 39 und 47, Anm. 100.

[1]) Dass Porphyrios in seinem Timaioskommentar die σχήματα λαβδοειδῆ
des Adrastos beschrieben hat, ist nicht nur an sich wahrscheinlich, sondern
wird dadurch praktisch zur Sicherheit erhoben, dass das ausführliche bezügliche Referat des Proklos (in dem die Namen des Adrastos und Porphyrios
genannt werden, s. oben S. 4) unmittelbar an einen anderen Bericht über
die Timaioserklärung des Adrastos anschliesst, der, wie wir schon (S. 9)
gesehen haben, sicher von Proklos aus dem Kommentar des Porphyrios
übernommen wurde. Vgl. hierzu auch Sodano, a.a.O., S. 38-39.

[2]) Theon nennt ja auch den Adrastos an den Stellen, die den Anfängen der
Kapitel 44 und 59 des Calcidius entsprechen (S. 49, 6-7 und 120, 6-9). Es
soll hier daran erinnert werden, dass Calcidius auch den Namen des Porphyrios, den er sicher ausführlich abgeschrieben hat, nie erwähnt; mehr dazu
unten S. 25.

[3]) Ich glaube mich in diesem Fall etwas entschiedener äussern zu dürfen
als ich es in der Praefatio, S. LXXX-LXXXI, getan habe.

295-299 übersetzt hat, und die von Thedinga und Leemans in ihre
Sammlungen der Fragmente des Numenios aufgenommen worden
ist, nicht direkt aus Numenios, sondern aus Porphyrios hat: der
Umstand, dass er, wie an zwei anderen Stellen seines Kommentars[1]),
in Kap. 298 (S. 300, 12) schreibt *ut in Timaeo loquitur Plato*, m.a.W.
dass er vorübergehend aus dem Auge verliert, dass er selbst damit
beschäftigt ist, einen Kommentar zum Timaios zu schreiben, zeigt
deutlich, dass er die ganze ausführliche Erörterung ohne weiteres
übersetzt hat [2]) mit Einschluss der vierfachen Erwähnung des
Numenios im Verlauf des Textes (S. 298, 10; 299, 11.15; 301, 10)
sowie im Anfangssatz: *Numenius ex Pythagorae magisterio Stoicorum
hoc de initiis dogma refellens Pythagorae dogmate, cui concinere dicit
dogma Platonicum*, usw. Ein solcher Satz kann nun aber unmöglich
aus Numenios selbst, dagegen sehr wohl aus dem Timaioskommentar des Porphyrios übersetzt sein. Im allgemeinen lässt sich sagen,
dass Calcidius seine unmittelbaren Vorlagen nie erwähnt mit der
alleinigen Ausnahme des Origenes, dem er den Inhalt der Kapitel
276-278 verdankt [3]) — aber Origenes war eben ein Christ. In diesem
Zusammenhang halte ich es für wahrscheinlich, dass, wenn Calcidius
über seine direkten Gewährsmänner schweigt, das nicht nur aus
dieser allen Kompilatoren gemeinsamen Tendenz (die allerdings
zur Erklärung ausreichen würde) zu verstehen ist, sondern daneben
auch aus dem Wunsch, die Tatsache zu verhüllen, dass er bis auf
eine Ausnahme, nl. Origenes, nur heidnische Autoren, darunter
auch den Christenfeind Porphyrios [4]), benutzt hat.

   Zum Schluss ist noch besonders zu beachten, dass, wie unten
(S. 35, Anm. 3) dargelegt werden wird, Calcidius über die Abstände

---

[1]) Kap. 143 (S. 182, 8) und 146 (S. 184, 4).
[2]) Vgl. dazu R. Beutler im Art. *Numenios* 9) (P.-W., Suppl. VII, Kol.
664-678), Kol. 672; „der Bericht des Chalcidius zeigt die Eigentümlichkeit des
numenianischen Stils: Häufung von Synonyma, und wäre unschwer ins
Griechische umzusetzen." Ich nehme selbstverständlich an, dass Porphyrios
den Abschnitt aus Numenios buchstäblich zitiert hat — auch in seinem
Timaioskommentar wäre der Satz „wie Platon im Timaios sagt" befremdlich
gewesen, nicht dagegen im Schrifttum des Numenios, der ja keinen Timaioskommentar geschrieben hat (vgl. dazu die Praefatio der Ausgabe, S. XLV,
Anm. 1).
[3]) Dazu ausführlich van Winden, a.a.O., S. 54-66.
[4]) H. Dörrie, a.a.O., S. 130, Anm. 5, weist darauf hin, dass „westliche
Kirchenlehrer den Porphyrios unbedenklich mit Namensnennung zitieren:
das Buch gegen die Christen war im Westen fast unbekannt." Das gilt
aber nicht mehr für die Zeit des Hieronymus, d.h. die Zeit des Calcidius.

der Planeten von der Erde in Kap. 96 eine Ansicht reproduziert, die
von der des Porphyrios abweicht.

Auf Grund dieser Erwägungen ist die Schlussfolgerung unab-
weislich, dass, wenn auch völlige Sicherheit hier kaum zu erreichen
ist, es doch als höchstwahrscheinlich zu betrachten ist, dass Calcidius die Ausführung über die ,,Verteilung der Seele'' aus der Timaioserklärung des Adrastos direkt übernommen hat, und dass somit der
Timaioskommentar des Porphyrios hier keine vermittelnde Rolle
gespielt hat. Es kommt mir nun weiter äusserst wahrscheinlich vor,
dass Calcidius überhaupt dasjenige, was er im ersten Teil des
Kommentars aus den von ihm als *artificiales* oder *artificiosae*
gekennzeichneten Disziplinen des Quadriviums bringt, der Timaioserklärung des Peripatetikers verdankt, wobei zunächst an die
durch Diagramme erläuterten Kapitel zu denken ist.

Hier drängt sich die Frage auf, ob die Timaioserklärung des
Adrastos sich überhaupt auf die ,,technischen'', der Arithmetik
usw. entnommenen Einzelheiten, also auf die wohl allgemein als
,,pythagoreisch'' betrachteten Ausführungen im Timaios beschränkt
hat. Das über Adrastos' Εἰς τὸν Τίμαιον (Ὑπομνήματα εἰς τὸν
Τίμαιον?) Bekannte ist leider ungenügend, um diese Frage in
befriedigender Weise beantworten zu können. Unzweifelbar ist,
dass der Peripatetiker seine Erläuterungen weitgehend den genannten Disziplinen entnommen hat: der beste Beweis dafür ist
der grosse Exkurs aus Anlass von Tim. 36 b 6-d 7 über die Planeten
und Fixsterne, den Calcidius in den Kapiteln 59-91 übersetzt hat.
Dazu kommt, erstens, dass Theon den Adrastos nennt als Spezialisten für alles was die συμφωνία und ἁρμονία betrifft (s. oben S. 6 [1])),
zweitens, dass Porphyrios ein Zitat aus der Schrift des Adrastos
einführt mit den Worten τὰ κατὰ τοὺς Πυθαγορείους ἐκτιθέμενος, und
drittens, dass Proklos ihn als φιλοτεχνῶν bezeichnet. Dagegen lässt
die Tatsache, dass Theon aus Adrastos nur Abschnitte anführt,
die sich auf die Mathematik, die Musik oder die Astronomie beziehen, sich nicht ohne weiteres als Argument anführen zugunsten
der Annahme, dass die Timaioserklärung des Adrastos sich nur
auf diese Wissenschaften bezog — nach dem Titel der Schrift
Theons (Περὶ(?) τῶν κατὰ τὸ μαθηματικὸν χρησίμων εἰς τὴν
Πλάτωνος ἀνάγνωσιν) ist es ebenfalls möglich, dass dieser nur die
mathematischen usw. Abschnitte aus einer mehr umfassenden

---

[1]) Als Autorität für die ἐναρμόνιος κίνησις der Planeten nennt ihn Achilles,
Isagoga Excerpta 16 (Comment. in Aratum, ed. E. Maass, S. 43, 7 ff.).

Erklärung des Adrastos in seine Schrift aufgenommen hat. Da sich nun aber andererseits herausgestellt hat, dass im zweiten Teil des calcidianischen Kommentars viel Material aus der Physik höchstwahrscheinlich durch Porphyrios vermittelt wurde (vgl. dazu die Praefatio der Ausgabe, S. XC-XCV; mehr dazu in einer der folgenden Abhandlungen), den Calcidius doch wohl sicher nicht herangezogen hätte, wenn er dasselbe bei dem schon von ihm herangezogen Adrastos hätte finden können, so ist doch, wenn wir die drei soeben angeführten Argumente hierzu in Rechnung nehmen, die am meisten wahrscheinliche Annahme, dass Adrastos sich in seiner Timaioserklärung überwiegend oder auch ausschliesslich als ein φιλοτεχνῶν und μαθηματικός betätigt, und somit die Erläuterung der „rein technischen" Einzelheiten im Timaios als sein Hauptanliegen, wenn nicht als seine einzige Aufgabe, betrachtet hat.

Wie wichtig nun aber dem Calcidius die in diesem Sinne aufgefasste — für einen Romer ja von jeher besonders schwierige und daher das *praesens auxilium* eines Sachverständigen erfordernde — „fachwissenschaftliche" Erklärung des Timaios war, geht hervor aus den drei ersten Kapiteln des Kommentars, in denen die Notwendigkeit von Kenntnissen der Arithmetik usw. für das Verständnis des Timaios ununterbrochen betont wird [1]: die Schwierigkeit dieses Dialogs sei nicht *ex imbecillitate sermonis obscuritate nata* (S. 57, 2), sondern sie sei daraus zu erklären, dass die Leser *artificiosae rationis, quae operatur in explicandis rerum quaestionibus, usum non habebant,* während der Timaios so verfasst sei, *ut non alienigenis, sed propriis*

---

[1]) Man kann noch einen Schritt weiter gehen und sagen, dass Calcidius' Überzeugtheit von der überragenden Bedeutung der μαθηματικά für die Erklärung des Timaius sich noch besonders darin zeigt, dass er in der Einleitung die langen Ausführungen über das Schicksal (Kap. 142-190), das ἡγεμονικόν (214-233), die fünf Sinne (236-267) und die Materie (268-354), die sich im zweiten Teil des Kommentars finden, mit keinem Wort erwähnt. Demgegenüber ist aber zu bemerken, dass er in den Kapiteln 1-3 offenbar nur den ersten Teil des Kommentars im Auge hat; auf jeden Fall bezieht sich die Aufzählung von durch den Inhalt des Timaios veranlassten *quaestiones* (Kap. 2, S. 58, 3-5) ausschliesslich auf diesen Teil, obwohl die vorhergehende kurze Inhaltsaufgabe des Timaios (S. 58, 1-2: *In hoc porro libro cum de statu agatur uniuersae rei omniumque eorum quae mundus complectitur causa et ratio praestetur*) auch den späteren Teil des Dialogs umfasst (am Anfang des zweiten Teils des Kommentars, Kap. 119, S. 164, 8-9, nennt Calcidius *generationem eorum . . . quae mundus complectitur* unter den nunmehr zu besprechenden Gegenständen). Wir dürfen somit schliessen, dass die Kapitel 1-3 sich nur auf den ersten Teil des Kommentars beziehen; weiteres hierzu am Ende der nächsten Anmerkung.

quaestionum (also ,,technischen") *probationibus id quod in tractatum uenerat ostenderetur.* Im zweiten Kapitel wird dann noch gesagt, und zwar auf Grund der Tatsache, dass es sich im Timaios um das Universum und alles was es enthält handelt: *Cunctis certarum disciplinarum artificialibus remediis occurrendum erat, arithmeticis astronomicis geometricis musicis, quo singulae res domesticis et consanguineis rationibus* [1]) *explicarentur.* Dasselbe finden wir in der Kennzeichnung des ersten Teils des Kommentars, womit der zweite Teil anfängt (Kap. 119, S. 164, 4-7): *Mundi totius perfectionem* [2]) *ab opifice absolutam deo praeteriti operis textu secreuimus* [3]) *Platonicis dogmatibus, quoad mediocritas ingenii passa est* [4]), *inhaerentes iuxta naturae contemplationem artificiosasque rationes.* Das heisst, dass

---

[1]) Das ist natürlich Übersetzung von οἰκείοις καὶ συγγενέσι μεθόδοις (vgl. in Kap. 1, S. 57, 7: *congruis accommodatisque rationibus*; das Adjektiv συγγενής ist sowohl bei Platon (vgl. Ast s.v.) als im späteren Platonismus besonders häufig; eine Hauptstelle ist Justin. Apol. II 13, 3). Da die drei ersten Kapitel des Kommentars im allgemeinen wie die Übersetzung einer griechischen Vorlage wirken und sie sich, wie in der vorigen Anm. hervorgehoben wurde, nur auf den ersten Teil des Kommentars beziehen, scheint die Vermutung statthaft, dass Calcidius auch hier den Adrastos übersetzt, der jedenfalls die Notwendigkeit von Kenntnissen des μαθηματικόν für das Verständnis des Timaios stark betont haben wird. Wir müssen dann annehmen, dass Calcidius nach Vollendung des zweiten Teils unterlassen hat, durch Hinzufügungen die Einleitung sich auch auf diesen Teil beziehen zu lassen (das erste Kapitel des zweiten Teils (119) fungiert nicht als Einleitung des g a n z e n zweiten Teils). Die Widmung an Osius bezieht sich auf beide Teile der Übersetzung: *primas partes* — nicht *primam partem* — *Timaei Platonis aggressus*; befremdlich ist aber die Fortsetzung *partis eiusdem* — nicht *partium earundem* — *commentarium feci.* Man kann auf Grund dessen die Möglichkeit erwägen, dass Calcidius die Widmung nach der Vollendung des ersten Teils von Übersetzung und Kommentar schrieb (wofür sprechen mag, dass die Bemerkung über die Notwendigkeit eines Kommentars in Kap. 4 (S. 58, 19-22), das noch ganz zu der Ausführung in Kap. 1-3 gehört — vgl. besonders die Worte *incognitarum artium disciplinarumque* ebd. Z. 23-24 —, sich fast gleichlautend in der Widmung findet, S. 6, 7-9), dass er sie aber erst dem vollendeten Werke, also den beiden Teilen von Übersetzung und Kommentar, hinzufügte, und dann ein ursprüngliches *primam partem* durch *primas partes* ersetzte, dagegen die Worte *partis eiusdem* versehentlich stehen liess. — Für die Herkunft des zweiten Teils der Einleitung (Kap. 5-6) vgl. unten S. 80, Anm. 3.

[2]) Das schliesst an beim letzten Satz des ersten Teils: *Hactenus de mundi sensilis constitutione tractauit.*

[3]) ,,haben wir im vorigen Teil gesondert dargestellt." Zum Gebrauch von *secernere* vgl. z.B. Tertull. Adu. Hermogenem 29, 6 (S. 48, 7 meiner Ausgabe): *eam* (nl. *terram*) ... *quam deus cum caelo separauit* (*parauit* unrichtig Kroymann; *separauit* allerdings nach Gen. 1, 7).

[4]) Vgl. Kap. 4 (S. 58, 18-19): *licet ea quae iubebantur potiora essent quam sustinere mediocre ingenium ualeret.*

der Timaios, der nach Calcidius (und nach dem ganzen Mittel-
und Neuplatonismus) eine *naturalis disputatio* ist [1]), sowohl eine
„physische" als eine „mathematische" Erklärung erfordert („ma-

---

[1]) Vgl. Kap. 272 (S. 277, 5): *Haec* (d.h. der Timaios) *quippe naturalis, illa*
(der Parmenides) *epoptica disputatio est* und meine Anm. z. St. und zu
Kap. 335 (S. 328, 12) sowie die Praefatio, S. XCVII. So wird auch die Abhandlung über die Dämonen im Anschluss an 40 d 6-7 (Περὶ δὲ τῶν ἄλλων
δαιμόνων εἰπεῖν καὶ γνῶναι τὴν γένεσιν μεῖζον ἢ καθ᾽ ἡμᾶς) als nicht eigentlich
zum Gegenstand des Timaios gehörig gekennzeichnet am Anfang von Kap.
127 (S. 170, 9 ff.), *quod inquisitio istius rei primariae superuectaeque contem-
plationis sit, quae appellatur epoptica, altior aliquanto quam physica, proptereaque nobis, qui de rerum natura nunc disputamus, nequaquam conueniens esse
uideatur*; ebenso Kap. 120 (S. 165, 4 ff.): *Quem quidem tractatum* (d.h. *de
daemonibus), quod sit elatior et ultra naturae contemplationem, necessario differt.* Ganz gleichartig auf Grund derselben Timaiosstelle Proklos In Tim. 287e
(III, S. 156, 26 ff.): μεῖζον οὖν φυσιολογίας ἐστὶ διαλέγεσθαι περὶ ὧν οὐ δίδωσιν
ἡμῖν τὰ φυσικὰ πράγματα πίστιν ἀραρυῖαν, καὶ διὰ τοῦτό φησιν ὡς φυσιολόγος
ὑπὲρ αὐτὸν εἶναι τὸν περὶ τούτων λόγον. Die Kennzeichnung des Timaios als
eine Schrift περὶ φύσεως ist im Platonismus allgemein; ich zitiere einige der
wichtigeren Stellen: Albinos Prolog. 3; Galenos Compend. Tim. Plat.,
Kap. I, 1-3 Kraus-Walzer (nach der Anmerkung der Herausgeber z.St. war
der ursprüngliche Titel wohl Τιμαίου σύνοψις περὶ φυσιολογίας bzw. περὶ φύσεως
oder περὶ φυσικοῦ); Macrob. In somn. Scip. I 6, 4: *augustissima Timaei ratio
naturae ipsius conscia testis*, sicher nach Porphyrios, dessen Timaioskommentar nach Mras, a.a.O., S. 52 (vgl. auch ebd., S. 12-14), die wichtigste Vorlage
für dieses Kapitel war (Jamblichos — vgl. den nächsten Satz — ist von
Macrobius nicht herangezogen worden, vgl. Mras, ebd., S. 8); wohl ebenfalls
nach Porphyrios Philoponos De aetern. mundi VI 7 (S. 135, 21-24 Rabe):
ἐν τοίνυν τῷ Τιμαίῳ ἔστιν μὲν ὁ πᾶς τῷ Πλάτωνι σκοπὸς περὶ τῆς τοῦ κόσμου
γενέσεώς τε καὶ φύσεως διδάξαι. Jamblichos, der im Gegensatz zu Porphyrios
auch für das Proömium des Timaios eine „physische" Erklärung gab (mehr
dazu unten, S. 75 f.), stellte dann nach einer bekannten Stelle in den Proleg.
Platon. philos. (26, 12 ff. Westerink) den Timaios als „Höhepunkt der
φυσικοὶ διάλογοι" dem Parmenides als ersten der θεολογικοὶ διάλογοι gegenüber.
Nach Jamblichos dann (vgl. Westerink z.St. und C. Praechter, Gött. gel.
Anz. 167 (1905), S. 526-527) Proklos In Tim. 4 f ff. (I, S. 12, 26 ff.) und noch
sehr oft; Plat. Theol. S. 16, 45-51; In Parmenid. S. 641, 15-643, 5; Olympio-
dor. In Alcib. 11, 4-6 Westerink. Dass Platon „der Natur folgte" oder
„seinen Blick auf die Natur richtete" betont Adrastos bei Theon S. 65, 1-2
und Theon selbst in einem Abschnitt, wo er dem Moderatos folgt (S. 103, 16-
18). Zu dem Gegensatz *naturalis tractatus — rationabilis disputatio* in Kap. 107
(S. 156, 2-3), wohl sicher nach Porphyrios, vgl. unten S. 51 f. — Für *epopticus*
(s. den Anfang dieser Anm.) vgl. die Praefatio der Ausgabe, S. XCVIII-
XCIX, wo ich darauf hingewiesen habe, dass schon Theon (S. 15, 16-18)
τὴν περὶ τὰ νοητὰ καὶ τὰ ὄντως ὄντα καὶ τὰ τῶν ἰδεῶν πραγματείαν als eine
ἐποπτεία bezeichnete. Hinzuzufügen ist Plut. De Is. et Osir. 382 d-e (von
W. D. Ross, *Aristotelis fragmenta selecta* (Oxford 1955), als Fr. 10 des Eudemos
aufgenommen): διὸ καὶ Πλάτων καὶ Ἀριστοτέλης ἐποπτικὸν τοῦτο τὸ μέρος τῆς
φιλοσοφίας (nämlich ἡ . . . τοῦ νοητοῦ καὶ εἰλικρινοῦς καὶ ἁπλοῦ νόησις) καλοῦσιν.
Der Ausdruck war also im Platonismus sicher schon vor Jamblichos ein-
gebürgert.

thematisch" natürlich Bezeichnung des ganzen Quadriviums, wie es
z.B. im Titel der Schrift Theons auftritt). Es ist nun aber sehr
beachtenswert, dass sich im Verlauf des zweiten Teiles des Kommentars keine Anspielung mehr auf die Wichtigkeit der ,,Fachwissen-
schaften" findet [1]), wie sie denn auch in diesem Teile nicht mehr
ausführlich herangezogen werden. Da es nun als wenigstens sehr
wahrscheinlich betrachtet werden darf, erstens, dass Calcidius den
Adrastos gerade für die *artificiosae rationes* herangezogen hat, und
zweitens, dass die Timaioserklärung des Peripatetikers sich auf das
diesen Wissenschaften Entnommene beschränkte, so halte ich es für
durchaus unrichtig, auch den zweiten Teil des calcidianischen
Kommentars (Kap. 169-355) auf Adrastos zurückführen zu wollen,
wie es Borghorst am Ende seiner im übrigen sorgfältigen Untersuchung in allzurascher Argumentation getan hat.

---

[1]) In diesem Zusammenhang ist es bezeichnend, dass, während am Anfang von Kapitel 119, wo es sich um die erste Hälfte des Kommentars
handelt, sowohl die *naturae contemplatio* als die *artificiosae rationes* erwähnt
werden, bei der Ankündigung des nun folgenden Abschnitts des Timaios nur
naturali contemplatione (S. 164, 12-13) gesagt wird. — Die Hervorhebung
der Geometrie usw. als *praecipuae doctrinae* im letzten Kapitel des Kommentars (355) bezieht sich auf die Erklärung des nunmehr folgenden Teils des
Timaios, die von Calcidius offenbar nicht mehr in Angriff genommen
worden ist. Calcidius hat den Ausdruck wohl wiederholt aus dem ,,adras-
teischen" Kapitel 32 (S. 82, 1-2): *tribus hoc asserentibus praecipuis disciplinis,
geometrica arithmetica harmonica.*

II

DIE ERÖRTERUNG DER *DUPLEX MEDIETAS* (KAP. 8-19) UND DIE ASTRONOMISCHEN AUSFÜHRUNGEN IN KAP. 92-97, 108-112 UND 114-118

Auf Grund der bisherigen Beweisführung scheint es nun zunächst statthaft, die auf der Arithmetik und Geometrie beruhende Erläuterung von Tim. 31 c 4-32 b 8, in der es sich um die Notwendigkeit von zwei *medietates* (Kap. 8-19), handelt, als aus Adrastos übersetzt zu betrachten, wenn wir auch keine Nachrichten über eine solche durch den Peripatetiker gegebene Argumentation zur Verfügung haben. Der Schluss scheint mir aus zwei Gründen gestattet zu sein, erstens, dass Adrastos, wie aus Kap. 32 hervorgeht, sicher auch die Geometrie zur Erklärung des Timaios herangezogen hat, zweitens, dass es völlig unwahrscheinlich ist, dass Calcidius für die *artificiosae rationes* mehr als einen Autor konsultiert hätte (vgl. auch Switalski, S. 88-89, der, allerdings ohne klare Argumente, zu dem gleichen Schluss kommt).

Einige weitere Bemerkungen möchte ich hier anfügen. In Kap. 59 beginnt der lange Exkurs über die Planeten und Fixsterne, der die Übersetzung der ebenfalls von diesem Punkt an von Theon zitierten Ausführung des Adrastos ist. Er ist deutlich als Exkurs markiert, sowohl durch den Anfangssatz in Kap. 59 (S. 106, 17-19): *Rursum quo etiam expertibus astronomiae assecutio tradatur aliquatenus, ea quae ad praesentem tractatum pertinent breuiter dilucideque, prout natura eorum est, explicabuntur* als durch den schon oben erörterten abschliessenden Satz am Ende von Kap. 91: *Ac de his quidem hactenus; nunc iam peragratis omnibus ueniamus ad orationem* [1]). Es wird sodann mit der Erläuterung des Textes von 36 b 5 an fortgefahren; da indessen auch diese Erklärung für einen beträchtlichen Teil auf den *artificiosae rationes* beruht, hat schon Switalski, S. 69-71, angenommen, dass in den noch verbleibenden Kapiteln

---

[1]) D.h. „zum (Platon-)Text"; vgl. den gleichartigen Gebrauch von *oratio* am Ende der Ausführung über die *diuisio animae* (Kap. 50, S. 99, 24-25): *Certe˜conueniens oratio disputanti.*

des ersten Teils des Kommentars (92-118) noch Manches von Adrastos herrührt, wobei er sich allerdings auf einige zerstreute Beobachtungen beschränkt hat. Selbst habe ich in der Einleitung zur Ausgabe, S. XXXVII und LXVII-LXVIII, die Vermutung ausgesprochen, dass die Kapitel 92-97, 108-112 und 116, in denen es sich noch durchgehends um astronomisches Material handelt, und dazu die Ausführung über den Himmel in Kap. 98-100 aus der Timaioserklärung des Adrastos stammen. Zurückhaltender habe ich mich an der letztgenannten Stelle über die Herkunft der Kapitel 101-107 und 113-115 geäussert, allerdings die Möglichkeit offen gelassen, dass auch ihr Inhalt aus der Schrift des Peripatetikers stammt; und schliesslich habe ich in der Anmerkung zu Kap. 118 (zu S. 162, 13-163, 23) ähnliche Zweifel über die Provenienz der Ausführung über das Grosse Jahr geäussert.

Es scheint mir nun auf Grund der oben vorgetragenen Erwägungen, dass wir von den bezüglichen Kapiteln (92-118) noch einige mehr auf Adrastos zurückführen dürfen, andere dagegen etwas entschiedener als nicht-adrasteisches Gut vom adrasteischen trennen können.

Zunächst scheint es mir kaum eines Beweises zu bedürfen, dass nicht nur das Kapitel 116, sondern auch die Kapitel 114-115 und 117 von Adrastos herrühren; es handelt sich ja in diesen vier Kapiteln um eine noch ganz auf der Astronomie basierte, fortschreitende Erklärung eines zusammenhangenden Abschnitts des Timaios (38 e 6-39 c 5). Was sodann die Besprechung des τέλεος ἐνιαυτός von Tim. 39 d 4 in Kap. 118 betrifft, so möchte ich hier die allzuknappen Angaben der beiden Anmerkungen auf S. 162-163 ergänzen und berichtigen. Calcidius bringt in diesem Kapitel nach der Anführung des bezüglichen Satzes aus dem Timaios (39 d 2-7) eine ausführliche, aber in keiner Weise vom Üblichen abweichende Beschreibung der ἀποκατάστασις der Himmelskörper (vgl. z.B. die kürzere, aber ganz ähnliche Beschreibung bei Macrobius, In Somn. Scip. II 11, 10); beachtenswert, aber ganz im Einklang mit dem Texte des Timaios [1]) ist es, dass er keine Mitteilung über die Dauer einer Weltperiode macht (S. 163, 4-5: *Hoc autem tempus continet annorum innumerabilem seriem*). Weitere Beachtung erfordert der vorletzte Satz (S. 163, 23-164, 2): *Quem quidem motum et quam designationem* („Konstellation") *non est putandum labem*

---

[1]) Vgl. Taylor, a.a.O., S. 217-219; Cornford, a.a.O., S. 117.

*dissolutionemque affere mundo, quin potius recreationem et quasi
nouellam uiriditatem positam in auspicio motus noui; haud sciam
an in quibusdam regionibus terrae prouentura sit ulla ex innouatione
iactura.* In den soeben genannten Anmerkungen hatte ich nun
unrichtig Censorinus De die natali 18,11 (S. 39, 4-12 Hultsch) herangezogen. Der Paragraph fängt an mit dem Satz: *Est praeterea
annus quem Aristoteles magnum potius quam maximum appellat,*
bringt dann die übliche Definition, und beschliesst: *cuius anni
hiems summa est cataclysmos, quam nostri diluuionem uocant, aestas
autem ecpyrosis, quod est mundi incendium. nam his alternis tempori-
bus mundus tum exignescere tum exaquescere uidetur.* Es handelt sich
hier nicht um partielle Katastrophen, sondern um die
Vernichtung der ganzen Welt durch Wasser oder Feuer; die
Notiz bezieht sich somit entweder gar nicht auf Aristoteles, der ja
schon in Περὶ φιλοσοφίας [1]) die Ewigkeit der Welt verteidigte [2]),
oder sie ist falsch. Adrastos hat natürlich im Einklang sowohl mit
dem von ihm kommentierten Timaios als mit der aristotelischen
Lehre die Unzerstörbarkeit der Welt behauptet, und es ist mit
Taylor [3]) als sicher zu betrachten, dass in dem vorliegenden Satz
die stoische Ekpyrosis angegriffen wird. Das habe ich in der zweiten
Anmerkung z.St. auch als die wahrscheinlichere Möglichkeit
bezeichnet; nur sollte in diesem Zusammenhang nicht auf Numenios, und zwar auf Grund seiner fortwährenden Bestreitung der
Stoa, hingewiesen werden — es liegt keine Veranlassung vor, in
diesem Teil des Kommentars einen direkten Einfluss des Numenios
anzunehmen. Viel wahrscheinlicher ist es, dass Adrastos, der sich
sicher zu dem τέλεος ἐνιαυτός äussern musste, die Versuche, die
Dauer einer Weltperiode zu bestimmen, abgelehnt hat.

Es scheint mir also, dass für die Kapitel 108-112 und 114-118
die Schrift Εἰς Τίμαιον des Adrastos jedenfalls die Vorlage war [4]).
Dasselbe gilt sicher für die Kapitel 92-97, deren adrasteische
Herkunft schon von Switalski, S. 69-70, und Borghorst, S. 33,
angenommen worden ist. Nichtsdestoweniger scheint es mir an-

---

[1]) Vgl. dazu z.B. W. Jaeger, *Aristotle*[2] (Oxford 1948), S. 140.
[2]) In diesem Fall — der ohne Zweifel der wahrscheinlichere ist — bezieht
die Erwähnung sich nur auf den Ausdruck *magnus* (statt *maximus*) *annus.*
[3]) A.a.O., S. 218, Anm. 2.
[4]) In diesem Zusammenhang darf noch darauf hingewiesen werden, dass
die Erklärung von Tim. 38 d 2-3 ἑωσφόρον δὲ καὶ τὸν ἱερὸν Ἑρμοῦ λεγόμενον
εἰς τάχει μὲν ἰσόδρομον ἡλίῳ κύκλον ἰόντας in Kap. 108 (S. 156, 15-18) keine
Spur zeigt von der völlig andersgearteten Interpretation des Porphyrios, die
uns bekannt ist durch Proklos In Tim. 258 d-e (III, S. 64, 8-65, 7).

gebracht zu sein, einige weitere Argumente zur Bestätigung dieser Annahme anzuführen.

Nach der Erklärung von Tim. 36 b 5-c 2 in Kap. 92, die sowohl durch die Anwendung von zwei Diagrammen als durch ihre Beziehungen zu Kap. 32-33 [1]) ihre Herkunft aus der Schrift des Adrastos zeigt, erörtert Calcidius in Kap. 93 nach Anlass von 36 c 4-7 die Begriffe ,,rechts" und ,,links" und zwar, wie schon Switalski, a.a.O., S. 70, bemerkt hat, durchaus im Anschluss an die einschlägige aristotelische Lehre, sodass auch dieses Kapitel als aus Adrastos stammend zu betrachten ist (S. 147, 1-10 stammt, natürlich durch Vermittlung des Adrastos, aus De caelo B 2, 285 a 27-b 8); aristotelisch ist auch die Behauptung in Kap. 94 (S. 147, 14-15): *cum planetas singulos multae sphaerae circumferant.* In Kap. 95 wird sodann zur Erläuterung von 36 d 2-3 auf das in den Kapiteln 32-33 vorgelegte und besprochene erste Diagramm des Adrastos, die *prima psychogoniae descriptio* (S. 147, 26-27), verwiesen und bemerkt, dass die von Platon hier gezeichnete *species mundi* der dort gezeigten *diuisio animae* parallel ist: *Huic ergo adumbrationi, qua depinxit animam, imaginem similitudinis aemulae speciemque mundi deliniat septemque circulos instituit planetum.* Darauf geht der Satz unvermittelt weiter mit der Behauptung, die sich im Text des Timaios nicht findet und die sicher auf den als Spezialisten für ἁρμονία und συμφωνία geltenden Adrastos (s. oben S. 6) zurückgeht, dass die Intervalle zwischen den Planeten *interualla musica* sind, woran dann eine Ausführung über die Sphärenharmonie anschliesst: *ut iuxta Pythagoram motu harmonico stellae rotatae musicos in uertigine modos edant, similiter ut in Politia Sirenas singulis insistere circulis dicens, quas rotatas cum circulis unam ciere mellifluam cantilenam atque ex imparibus octo sonis unum concordem concentum excitari* [2]). Zu diesem Satz ist Verschiedenes zu bemerken, und zwar zunächst, dass der Einfluss der griechischen Vorlage sich zeigt in den Worten *similiter ut in Politia Sirenas ... dicens,* wo nach *Politia* ein *fecit* zu ergänzen ist (im Griechischen ist ja in analogen Fällen die Ellipse des Verbums viel mehr gebräuchlich). Weiter sind die Worte *Sirenas ... excitari* eine für die Übersetzungstechnik

---

[1]) Zu S. 144, 20-21 *ut esset in animae textu corporis similitudo* und 145, 3-4 *essetque aliqua inter animam corpusque similitudo* vgl. Kap. 33 (S. 82, 10-11): *ostendit rationem animae corporisque coniugii.*

[2]) Nach *ciere* würde man statt *excitari* den aktiven Inf. erwarten. Eine Textänderung empfiehlt sich indessen nicht angesichts des Platontextes (617 b 7) μίαν ἁρμονίαν συμφωνεῖν.

des Calcidius typische Wiedergabe von Politeia 617 b 4-7; ich
notiere nur die Hinzufügung von *mellifluam*, die Fortlassung in
der Übersetzung von ἄνωθεν und ἕνα τόνον, und die Übertragung
von ἐκ π α σ ῶ ν δὲ ὀκτὼ οὐσῶν durch *ex i m p a r i b u s octo
sonis*. Theon, der den ganzen Abschnitt 616 b 1 ἐπειδή — 617 b 7
συμφωνεῖν anführt (S. 143, 19-146, 2) und mitteilt, dass er ihn ἐν
τοῖς τῆς Πολιτείας . . . ὑπομνήμασιν kommentiert hat, bemerkt nun,
dass die Sirenen an der angeführten Stelle entweder als die Planeten,
oder auch „die Sterne" [1]), erklärt wurden oder κατὰ τὸ Πυθαγορικόν
als τοὺς ὑπὸ τῆς τούτων φορᾶς γινομένους ἤχους καὶ φθόγγους ἡρμοσμέ-
νους καὶ συμφώνους. Zu der erstgenannten Erklärung bemerkt er
(S. 146, 9 ff.): Σειρῆνας οἱ μὲν αὐτοὺς <φασι> λέγεσθαι τοὺς πλανήτας,
ἀπὸ τοῦ σειριάζειν· κοινῶς τε γάρ, φησὶν ὁ Ἄδραστος, πάντας τοὺς
ἀστέρας οἱ ποιηταὶ σειρίους καλοῦσιν. Hieraus lässt sich schliessen,
dass Adrastos die genannte Deutung der Sirenen vertrat; dieselbe
Deutung lässt sich nun aber in dem oben angeführten Satz für
Calcidius feststellen, denn die in dem auf die pythagoreische Lehre
bezüglichen Satzteil erwähnten *stellae rotatae* stehen deutlich auf
einer Linie mit *Sirenas . . . . rotatas*; wir finden also auch hier die
Annahme von der adrasteischen Herkunft des Kapitels bestätigt.
Schliesslich ist zu beachten, dass sich hier keine Spur findet von
jener Gleichsetzung der Sirenen mit den Musen, die, wie aus Plutarch
De anim. procr. in Tim. 32, 1029 c-d und Proklos In Tim. 203 e
(II, S. 208, 9 ff.) hervorgeht, von älteren Platonerklärern stammt
und, wie Mras, a.a.O., S. 38 [2]), sehr wahrscheinlich gemacht hat,
wohl sicher von Porphyrios in seinem Timaioskommentar ausführ-
lich erörtert wurde; auf jeden Fall spricht Vieles dafür, dass die
Widerlegung dieser Gleichsetzung durch Proklos In Rempubl. II,
S. 237, 17 ff. Kr., die gegen einen Ungenannten gerichtet ist,
den Porphyrios, wie so oft, als Zielpunkt hat.
Die Kapitel 96-97, in denen zunächst die Reihenfolge der Planeten
und ihre Abstände von einander [3]) besprochen werden und sodann

---

[1]) Theon spricht in diesem Zusammenhang zunächst nur von den Planeten, sagt dann aber, nachdem er erwähnt hat, wie Adrastos hinwies auf den
dichterischen Gebrauch, „alle Sterne" σειρίους zu nennen, ἔνιοι δὲ Σειρῆνας
οὐ τοὺς ἀστέρας λέγεσθαί φασιν. Es ist kaum zweifelhaft, dass Adrastos die
acht Sirenen als die sieben Planeten und die Fixsternsphäre gedeutet hat.
[2]) Gleichartig, mit ausführlicherer Argumentation, Sodano, S. 40-42.
Besonders wichtig ist die Beziehung der Musen auf die sublunare Sphäre, die
Planeten und die Fixsternsphäre in Περὶ ἀγαλμάτων (S. 12*, 14-15 Bidez).
[3]) Calcidius weicht hier von Porphyrios ab, denn nach Porphyrios (vgl.

Tim. 36 d 4-7 erläutert wird, geben in diesem Zusammenhang zu
weiteren Bemerkungen keinen Anlass (für das Sachliche ist besonders hinzuweisen auf Th. Heath, *Greek Mathematics*, I, S. 313).
Da Aristoteles dieselbe Reihenfolge der Planeten vertrat wie
Platon [1]), ist anzunehmen, dass Adrastos mit der von ihm kommentierten Lehre des Timaios selbst einverstanden war. In diesem
Zusammenhang ist es nötig, die folgende Äusserung von Mras
(a.a.O., S. 32) näher zu betrachten: „Theon hingegen, der sich
bekanntlich hauptsächlich auf Adrastos stützt, und Kleomedes
(I 3 S. 30, 16 ff. Ziegler), dessen Hauptgewährsmann, wie erwähnt,
Poseidonios ist, haben die Reihenfolge Mond, Merkur, Venus, Sonne
usw., also wie Cicero und τινὲς τῶν Πυθαγορείων (s. Theon 138,
10 ff.)." Der hier implizit in Bezug auf Adrastos gezogene Schluss
ist sicher unrichtig, aber auch für Theon stimmt es m.E. nicht. Mras
bemerkt ebd., Anm. 7: „Dessen (nl. Theons) Ansicht sich aus
187, 13 ff. kombiniert mit 138, 16-18 ergibt." Nun steht aber der
Satz S. 138, 16-18 in einem Referat der Ansicht von „einigen der
Pythagoreer", die der Sonne unter den Planeten die vierte, also die
mittelste, Stelle zuwiesen μέσον εἶναι βουλόμενοι τὸν τοῦ ἡλίου τῶν
πλανωμένων ὡς ἡγεμονικώτατον καὶ οἷον καρδίαν τοῦ παντός. Diese
Stelle verbindet Mras mit der langen Ausführung Theons (S. 187,
13 ff.) über die Sonne als Herz des Weltalls, die wir im Folgenden
näher besprechen werden. Dort wird nun aber gerade ausgeführt,
dass die Sonne genau so im Weltall ist wie das Herz im menschlichen Körper, nämlich als τὸ μέσον τοῦ πράγματος, aber nicht τοῦ
μεγέθους, also nicht als die örtliche Mitte. Die Stelle ist daher mit der
referierten Ansicht der Pythagoreer (von der Theon nirgends sagt,
dass er sie als richtig betrachtet) nicht im Einklang, und es lässt
sich also aus diesen zwei Stellen keineswegs eine von der im Timaios
vertretenen verschiedene Meinung für Theon (und implizit auch
für Adrastos) feststellen.

Wir kommen daher zu der Schlussfolgerung, dass aus dem letzten
Teil der ersten Hälfte des Kommentars die Kapitel 92-97, 108-112
und 114-118 für Adrastos in Anspruch zu nehmen sind.

---

dazu Macrob. In Somn. Scip. II 3, 14-15; Sodano, a.a.O., S. 17 f.) ist der
Abstand der Sonne von der Erde, dagegen nach Calcidius der Abstand der
Sonne vom Mond, zweimal so gross als der Abstand des Mondes von der
Erde, usw. Diese Tatsache ist ein wichtiges Argument gegen die Annahme,
dass Calcidius die „technischen" Ausführungen des Adrastos durch Vermittlung des Porphyrios kennengelernt habe (vgl. dazu oben S. 22 ff.).
   [1]) Vgl. z.B. Zeller, a.a.O., II 2[4], S. 460.

III

DIE ERÖRTERUNG VON ZEIT UND EWIGKEIT (KAP. 101-107) UND DIE KAPITEL 98-100 UND 113

Es bleiben noch die Kapitel 98-107 und 113. In dem erstgenannten Abschnitt handelt es sich um eine fortlaufende Erklärung von Tim. 36 d 8-38 b 5, und zwar wird, nach einem einführenden Kapitel (98) über die verschiedenen Bedeutungen von *caelum* (oder besser, wie im Folgenden klar werden wird, von οὐρανός), in Kap. 99-104 die Weltseele, in 105 der Unterschied zwischen Ewigkeit und Zeit besprochen. Der letztere Gegenstand kommt schon in der zweiten Hälfte von Kap. 101 kurz zur Besprechung, wird dann aber am Anfang von Kap. 102 zunächst zurückgestellt. In Kap. 106-107 wird dann die Meinung von anonymen (wohl in der griechischen Vorlage mit τινὲς angedeuteten) Philosophen bestritten, die der Zeit jede Form des Seins absprechen.

Weil die Herkunft der Kapitel 98-100 umstritten ist und ihre Erörterung besondere Schwierigkeiten mit sich bringt, ist es m.E. zweckmässiger, diese vorerst beiseite zu lassen und zunächst Kap. 101-107 einer Betrachtung zu unterziehen. Hier ist nun zu bemerken, dass die Ausführung über die vernunftbegabte Weltseele in Kap. 101-104 sich stark anlehnt an das in den Kapiteln 28, 51 und 53 Gesagte, was in die Richtung des Porphyrios weist (der allerdings Verschiedenes aus Numenios übernomm enhaben mag; mehr dazu in einer der folgenden Abhandlungen). Ausserdem wird, wie mir scheint, ein weiterer Fingerzeig für die Feststellung der Herkunft geboten durch den Anfang von Kap. 104 (S. 153, 23-25), wo es sich um die Erklärung der Worte ἄνευ φθόγγου καὶ ἠχῆς (37 b 5-6) handelt: *Sine uoce ac sono motus ratio est in intimis mentis penetralibus residens. Haec autem differt ab oratione; est enim oratio interpres animo conceptae rationis.* Die in diesem Zusammenhang nicht strikt notwendige Hinzufügung der Definition der *oratio* — es handelt sich im Augenblick ja nur um die *ratio* — verrät ein Interesse von Calcidius' Gewährsmann für die Beziehungen zwischen Denken und Sprechen, und es ist anzunehmen, dass verschiedene gleichartige Äusserungen, die sich im calcidianischen Kommentar finden, demselben Autor zuzuschreiben sind. Ich hoffe auf diese

Gruppe von Stellen in einer folgenden Abhandlung zurückzukommen, und zitiere im Augenblick nur Kap. 138 (S. 178, 21 ff.), wo es sich um von Gott verkündete Dinge handelt: *praedicta autem non illo sermone qui est positus in sono uocis ad declarandos motus intimos propter humanae mentis inuolucra*. In diesem Zusammenhang drängt sich nun der Name des Porphyrios auf, der nicht nur durch seine Arbeit am Organon — es sei hier besonders an seinen Kommentar zu der Schrift Περὶ ἑρμηνείας (vgl. hier *interpres*) erinnert — sondern auch in seinem weiteren Schrifttum sein ständiges Interesse für das Problem der genannten Beziehungen gezeigt hat [1]). Besonders beachtenswert ist in dieser Hinsicht der Anfang des dritten Buches der Schrift De abstinentia, wo er zur Verteidigung der von den Stoikern angegriffenen pythagoreischen Lehre, dass jede Seele λογική ist, das Problem der Tiersprache erörtert und zur Einführung (Kap. 2-3) ausführlich über den ἐνδιάθετος und προφορικὸς λόγος handelt (auf ihn geht wohl sicher das diesem Gegenstand gewidmete vierzehnte Kapitel des Nemesios zurück). Eine auch sprachliche Parallele zum Ausdruck des Calcidius *sermone qui est positus in sono uocis* wird geliefert durch die Worte (S. 188, 16-17 Nauck) τοῦ προφορικοῦ καὶ τοῦ κατὰ τὴν φωνὴν τεταγμένου; vgl. auch den nächsten Satz εἰ δὴ προφορικός ἐστι λόγος φωνὴ διὰ γλώττης σημαντικὴ τῶν ἔνδον (*intimis* Calc., vgl. *motus intimos* in der eben angeführten Stelle aus Kap. 138) καὶ κατὰ ψυχὴν παθῶν und die Definition der διάνοια (ebd. Z. 23-24): λέγω δὴ διάνοιαν τὸ ἐν τῇ ψυχῇ κατὰ σιγὴν φωνούμενον.

In dieselbe Richtung weist die Aufzählung in Kap. 104 (S. 153, 25 ff.): *in his quae nascuntur et occidunt uel manu fiunt et prorsus omnibus quae sentiuntur*. Hier wird der aristotelische Begriff des χειρόκμητον (Phys. B 1, 192 b 30) eingeführt, der sich auch in dem sicher auf Porphyrios zurückgehenden Kapitel 222 (vgl. dazu unten S. 50) findet: *animalia uel quae arte fiunt* (S. 235, 11-12).

Sehr wahrscheinlich ist auch der Einfluss des Neuplatonikers in der Ausführung über Zeit und Ewigkeit. Diese fängt, wie schon bemerkt wurde, in Kap. 101 an, und zwar mit der Kommentierung von 36 e 3-5, wo es von der Weltseele heisst: αὐτὴ ἐν αὐτῇ στρεφομένη

---

[1]) Viel auf Porphyrios bezügliches Material in dem schönen Aufsatz Theilers, *Die Sprache des Geistes in der Antike*, in: Sprachgeschichte und Wortbedeutung. Festschrift Albert Debrunner (Bern 1954), S. 431-441. Vgl. auch H. Cherniss, *The Platonism of Gregory of Nyssa* (Univ. of California Publ. in Class. Philol. XI, 1 (1930), S. 1-92), S. 80 (Anm. 27).

θείαν ἀρχὴν ἤρξατο ἀπαύστου καὶ ἔμφρονος βίου πρὸς τὸν σύμπαντα χρόνον, in der Übersetzung (S. 29, 5-6): *ipsaque in semet conuertens diuinam originem auspicata est indefessae sapientisque et sine intermissione uitae* — die Worte πρὸς τὸν σύμπαντα χρόνον werden somit als adjektivische Bestimmung von βίου aufgefasst und, nicht sehr genau, durch *sine intermissione* wiedergegeben. Die Argumentation verläuft nun in folgender Weise: Die Tatsache der Drehung der Seele in sich selbst, also ihre Bewegung (*Ipsam uero animam in semet conuertere . . . parente sibi corpore, sicut quoque nostrae animae m o t i b u s corpus obsequitur*), war der Anfang der Erschaffung der Welt (*idque mundo fuisse initium, inde auspicium indefessae ac sine intermissione uitae*). Diese Formulierung Platons wird sodann gelobt, ,,weil ein unermüdetes und ununterbrochenes Leben für die Zeit und ihre Bahnen [1]) ausgebreitet worden ist'' (*quando quidem indefessa et sine intermissione uita tempori curriculisque eius propagata sit*). Darauf wird der Gedankengang unterbrochen durch einen Hinweis auf die Ewigkeit, die nicht, wie die Zeit, Teile hat und, weil ohne Anfang und Ende, *indeterminatum et perpetuum* ist. Man würde diesen Satz — wie manche Sätze des Aristoteles — heute in einer Anmerkung unterbringen, oder doch wenigstens in einem Nebensatz; einen ähnlichen Fall bietet der soeben (S. 37) besprochene zweite Satz von Kap. 104, wo die geschlossene Ausführung über die *ratio* durch den Hinweis auf den Unterschied zwischen *ratio* und *oratio* unterbrochen wird. Der Inhalt des Satzes erinnert stark an Kap. 25, dessen porphyrianischer Ursprung unten, S. 70, dargetan wird. Hierauf folgt dann die Schlussfolgerung: *Cum ergo mundum generatum intro daret* (= *crearet*), *consequenter temporis quoque generationem mundo aequaeuam commentus est.* Das ist natürlich nichts anderes als die Wiedergabe von 38 b 6 Χρόνος δ' οὖν μετ' οὐρανοῦ γέγονεν, wobei οὐρανός als Synonym von κόσμος gefasst wird (mehr dazu unten, S. 56). Dieser Satz Platons kann nun aber eben dadurch als Konklusion der Beweisführung hingestellt werden, dass im vorvorletzten Satz das ,,unermüdete und ununterbrochene Leben'' des Platontextes nicht nur auf die durch die Weltseele belebte Welt, sondern auch direkt auf die Zeit bezogen worden ist (vgl. die soeben angeführten Worte *quando quidem . . . propagata sit*). Welt und Zeit sind somit durch die Vermittlung des Begriffs des Lebens mit einander verbunden.

---

[1]) *curricula temporum* als Übersetzung von χρόνοι Kap. 77 (S. 125, 11).

Dasselbe finden wir nun bei Plotin, Enn. III 7, 13, 23 ff.: Τὴν
μέντοι οὐσίαν αὐτοῦ (sc. τοῦ χρόνου) δηλῶσαι θέλων ἅμα οὐρανῷ φησι
γεγονέναι καὶ παράδειγμα αἰῶνος καὶ εἰκόνα κινητήν, ὅτι μὴ μένει μηδ᾽ ὁ
χρόνος τῆς ζωῆς οὐ μενούσης, ᾗ συνθεῖ καὶ συντρέχει· ἅμα οὐρανῷ δέ,
ὅτι ζωὴ ἡ τοιαύτη καὶ τὸν οὐρανὸν ποιεῖ καὶ μία ζωὴ οὐρανὸν καὶ χρόνον
ἐργάζεται ¹). Es ist also höchstwahrscheinlich, dass Calcidius hier
neuplatonische Lehre wiedergibt, die er dann wohl dem Timaioskommentar des Porphyrios verdankt. In diesem Zusammenhang
sei auf Porphyrios Sentent. 44, 2 (S. 45, 16 f. Mommert) hingewiesen,
wo die Zeit direkt mit der Bewegung der Seele, d.h. mit der ἀρχή
des Lebens (36 e 4), verbunden wird: τῇ μὲν οὖν ταύτης (sc. ψυχῆς)
κινήσει παρυφίσταται χρόνος, τῇ δὲ τοῦ νοῦ μονῇ τῇ ἐν ἑαυτῷ ὁ αἰών,
οὐ διῃρημένος ἀπ᾽ αὐτοῦ ὥσπερ ὁ χρόνος ἐκ ψυχῆς.

Hierauf wird die Erörterung von Ewigkeit und Zeit, die ja
als Interpretation von 36 e 3-5 geboten wurde, durch die Ausführung
über die *ratio*, die die Deutung von 36 e 5-37 c 5 enthält, unterbrochen. Kap. 105 bringt dann mit der Erklärung von 37 c 6-e 3
die „offizielle" Behandlung des Unterschieds zwischen Ewigkeit
und Zeit. Die Ausführung bleibt dem Platontext sehr nah und
bietet dadurch wenig Bemerkenswertes; es wird nur gesagt, dass die
Zeit, als Abbild der Ewigkeit, zum Abbild des *mundus intellegibilis*,
dem *mundus sensilis*, gehört: *Itaque ut intellegibilis mundus per
aeuum, sic sensilis per omne tempus.* Darauf wird wiederum erwähnt,
dass Welt und Zeit zugleich geschaffen wurden. Vor allem würde
man eine weitere Ausdeutung der Worte *per omne tempus* erwarten,
da ja Porphyrios sich im Timaioskommentar darüber geäussert hat,

---

¹) Vgl. hierzu J. F. Callahan, *Four Views of Time in Ancient Philosophy*
(Cambridge, Mass., 1948), Kap. 3: „Plotinus: Time, the Life of Soul";
G. H. Clark, *The Theory of Time in Plotinus*, The Philosophical Review 53
(1944), S. 337-358; W. R. Inge, *The Philosophy of Plotinus*, I³ (Neuaufl.
London 1948), S. 173; Chr. Rutten, *Les catégories du monde sensible dans
les Ennéades de Plotin* (Paris 1961), S. 87; S. Samburský, *The Physical World
of Late Antiquity* (London 1962), S. 17. Vgl. auch Bréhier in seiner Plotin-
ausgabe, III (Paris 1925), S. 126: „Plotin tient avant tout à unir le temps à
la vie de l'âme; il proteste contre l'interprétation d'un passage du *Timée*
(38 c), que les doxographes, comme on l'a vu plus haut, utilisaient pour
attribuer à Platon une liaison directe du temps avec le ciel." Plotin definiert
ja den αἰών als ζωὴ ἄπειρος (Enn. III 7, 5, 26; III 7, 11, 3) und die Zeit als
διάστασις ζωῆς (Enn. III 7, 11, 41). Während die meisten antiken Deutungen
des platonischen Zeitbegriffs ausgehen von 38 b 6 Χρόνος ... μετ᾽ οὐρανοῦ
γέγονεν, hat Plotin die in 37 c 6 anfangende Ausführung über Ewigkeit und
Zeit stark mit dem früheren Satz 36 e 3-5 verbunden; die Tatsache, dass
Calcidius dasselbe tut, spricht wiederum für Vermittlung durch Porphyrios.

dass sowohl die vergangene als die zukünftige Zeit unendlich ist, und die Welt somit, wie unzerstörbar, so auch ohne Anfang ist. Vgl. z.B. Philoponos De aetern. mundi VI 25 (S. 200, 4 ff. Rabe): Ἀλλ' ἐπειδή φησιν ὁ Πορφύριος τὰς περὶ τοῦ γεγονέναι τὸν κόσμον Πλάτωνος ἀποδείξεις μὴ εἶναι κατασκευαστικὰς τοῦ κατὰ χρόνον γεγονέναι τὸν κόσμον, ἐξ οὗ συλλογίζεται, ὡς οὐδὲ κατὰ χρόνον αὐτόν φησιν γεγονέναι Πλάτων; ebd. VI 8 (S. 149, 12 ff.): ἐπὶ πᾶσιν γενητὸν λέγεσθαί φησιν ὁ Πορφύριος καὶ τὸ πᾶσιν γνώριμόν τε καὶ καθωμιλημένον τὸ ἀπὸ χρόνου ἀρχὴν τοῦ εἶναι λαβὸν πρότερον οὐκ ὄν, καθό φησιν μὴ λέγεσθαι ὑπὸ Πλάτωνος γενητὸν τὸν κόσμον. Die Kürze der Ausführung ist ohne Zweifel mit dem Umstand zuzuschreiben, dass Calcidius an einer früheren Stelle (Kap. 25) schon über Ewigkeit und Zeit gesprochen hat aus Anlass der Frage von der Unzerstörbarkeit der Welt. Das dort von ihm angeführte Argument, dass die Welt unzerstörbar sein muss, weil sie ein ewiges Vorbild hat, wird nun aber von Philoponos, a.a.O. VI 27 (S. 224, 18 ff.), dem Porphyrios zugeschrieben: ἅπερ δὲ ὁ Πρόκλος ἐν τῷ πολλάκις μνημονευθέντι ὑπὲρ τοῦ Τιμαίου πρὸς Ἀριστοτέλην λόγῳ ἐκ τῶν Πορφυρίου πάλιν μεταγραψάμενος τίθησιν ἐκ περιόδων δεικνύειν πειρώμενος, ὡς ἄναρχον εἶναι τὴν τοῦ κόσμου γένεσιν ὁ Πλάτων ᾤετο, διότι τε τὸ τοῦ κόσμου παράδειγμα αἰώνιον εἶναι λεγει (mehr zur Herkunft dieses Kapitels unten, S. 70-71). Es ist somit statthaft, den Komplex von Äusserungen über dieses Thema (Kap. 25, 101, 105) auf Porphyrios zurückzuführen.

Damit kommen wir zu den zwei letzten Kapiteln (106-107) der Ausführung über die Zeit. Ausgegangen wird von Tim. 37 e 4-38 a 1, welche Stelle von Calcidius ziemlich frei wiedergegeben wird [1]). Nach der Zitierung dieses Textabschnitts erwartet man nun in Kap. 106 eine Ausführung über die Ewigkeit, und zwar über Platons Behauptung, dass man von ihr nur sagen kann, dass sie ist (*illi esse solum competit*, Platon τῇ (= τῇ ἀιδίῳ οὐσίᾳ) δὲ τὸ ἔστιν μόνον ... προσήκει), nicht, dass sie gewesen ist oder sein wird. Calcidius

---

[1]) ἃ δὴ φέροντες λανθάνομεν ἐπὶ τὴν ἀίδιον οὐσίαν οὐκ ὀρθῶς. λέγομεν γὰρ δὴ ὡς ἦν ἔστιν τε καὶ ἔσται, τῇ δὲ τὸ ἔστιν μόνον κατὰ τὸν ἀληθῆ λόγον προσήκει. — Calc. S. 30, 6-8: *nosque haec cum aeuo assignamus, id est solitariae naturae, non recte partes indiuiduae rei fingimus. Dicimus enim „fuit est erit", ast illi esse solum competit iuxta ueram sinceramque rationem* (die vier letzten Worte werden in der Anführung im Kommentar ausgelassen). λανθάνομεν wird also nicht übersetzt; ἀίδιον οὐσίαν wird wiedergegeben durch *aeuo ... id est solitariae naturae*, und die Worte *partes indiuiduae rei fingimus* sind eine Zutat. Die Übersetzung des darauf folgenden Satzes ist viel genauer.

bemerkt nun aber, dass „diese Behauptung getan wurde derjenigen wegen, die sich fragen, ob nicht die Zeit, von der man sagt, dass sie ist, (in Wirklichkeit) gar nicht ist" (*Propter eos qui addubitant num* [1]) *tempus, quod dicitur esse, nullum sit, haec processit assertio* — *assertio* bezieht sich also nicht auf den unmittelbar vorhergehenden Ausspruch über die Ewigkeit, sondern auf die davor stehenden Worte *dicimus enim „fuit est erit"*). Diese Anonymi weisen nämlich darauf hin, „dass alles Vergangene nicht mehr ist, das Zukünftige noch nicht, und dass das Gegenwärtige weder im vollen Sinne des Wortes ist noch völlig inexistent ist (*neque plane esse neque omnino non esse*) ... denn er (Platon) zeigt, dass alles im Fluss und im Vorübergehen ist" (*fluere enim et transire omnia ostendit* — man beachte den völlig unvorbereiteten Übergang von der indirekten zur direkten Rede). Diese Argumentation wird nun in folgender Weise bestritten: „Wenn Platon sagt, dass die Vergangenheit ist, dann ist das so gemeint, dass man verstehen soll, dass die Vergangenheit gewesen ist, nicht so, dass sie in der Gegenwart besteht, z.B. wenn wir sagen, dass Homer ein göttlicher Dichter ist" (*Ergo praeteritam quidem temporis partem sic dicit esse, ut intellegatur fuisse, non ut ad praesens existere, ut cum Homerum esse dicimus diuinum poetam*). Was sodann die Gegenwart betrifft, so wird gesagt *quod ad praesens fiat ita esse, non ut per aliquam diuturnitatem mansurum esse uideatur, sed ut tamquam fluat atque praetereat*, was dann weiter durch Beispiele erläutert wird. Die dieser Widerlegung zugrunde liegende Überzeugung ist also, dass zwar das wahre Sein, das weder Vergangenheit noch Zukunft kennt und in einer einzigen und nie endenden Gegenwart besteht [2]), nur von der Ewigkeit, die ja *indiuidua res* ist, ausgesagt werden darf, dass

---

[1]) Ganz gleichartig ist der Gebrauch von *addubito num* in Cic. Epist. ad Fam. VII 32, 1.

[2]) Der Gedanke, dass der αἰών als ein nie endendes Heute zu betrachten ist, findet sich (auf Grund von Platons Worten τῇ δὲ τὸ ἔστιν μόνον ... προσήκει) im Mittel- und Neuplatonismus fortwährend. Bemerkenswert ist die Gleichsetzung von ἐνεστὼς χρόνος und αἰών durch Numenios, Fr. 14 Leemans (XIX Thedinga): τὸ ὂν οὔτε ποτὲ ἦν, οὔτε ποτὲ μὴ γένηται· ἀλλ' ἔστιν ἐν χρόνῳ ὡρισμένῳ, τῷ ἐνεστῶτι μόνῳ. Τοῦτον μὲν οὖν τὸν ἐνεστῶτα εἴ τις ἐθέλει ἀνακαλεῖν αἰῶνα, κἀγὼ συμβούλομαι. Vgl. weiter z.B. Plotin Enn. III 7, 3, 21-23: ... ὄντος (τοῦ αἰῶνος) δ' ἐν τῷ παρόντι ἀεί, ὅτι οὐδὲν αὐτοῦ παρῆλθεν οὐδ' αὖ γενήσεται, ἀλλὰ τοῦτο ὅπερ ἔστι, τοῦτο καὶ ὄντος; Porphyr. Sentent. 44, 3: τὸ νῦν αὐτοῦ (sc. τοῦ μένοντος); Jambl. bei Proklos In Tim. 248 e (III, S. 33, 2 ff.): τὸ ἓν καὶ ἄπειρον τοῦ αἰῶνος καὶ ἤδη ὂν καὶ ὁμοῦ πᾶν καὶ ἐν τῷ νῦν μένον; Proklos a.a.O. 252 d (III, S. 44, 21-22): καὶ ἐν τῷ νῦν τὸ πᾶν (sc. τοῦ αἰῶνος).

aber der aus drei Teilen bestehenden Zeit doch ein gewisses Sein
zuzuschreiben ist, das Platon durch *fuit est erit* angedeutet hat;
nur soll man nicht versehentlich Attribute der Ewigkeit auf die
Teile der Zeit beziehen, indem man dem *fuit* und *erit* die Gegen-
wärtigkeit der Ewigkeit, und dem in der Zeit befindlichen *est* ihre
mansio (mehr dazu unten S. 71) zuschreibt. Diese Überzeugung
findet sich deutlich ausgesprochen in Kap. 25, wo die Unvergänglich-
keit der sinnlich wahrnehmbaren Welt dadurch bewiesen wird,
dass sie nach dem Vorbild der intellegiblen Welt geschaffen worden
ist. Nachdem er bemerkt hat, dass die intellegible Welt *per aeuum*
besteht, der *mundus sensilis* dagegen *per tempora*, fährt Calcidius
fort (S. 76, 2-6): *Et temporis quidem proprium progredi, aeui propria
mansio semperque in idem perseueratio; temporis item partes, ...
aeui partes nullae; temporis item species, praeteritum praesens futurum,
aeui substantia uniformis in solo perpetuoque praesenti. Mundus
igitur intellegibilis semper est, hic, simulacrum eius, semper fuit est erit.*
Diese Ausführung stimmt mit der in Kap. 106 vorliegenden Argumentation völlig überein; in diesem Zusammenhang ist es nun aber
von besonderer Bedeutung, dass Kap. 25, wie unten (S. 70) ausführlicher besprochen wird, mit grosser Wahrscheinlichkeit auf
Porphyrios zurückgeführt werden kann.

Calcidius hat nun aber das Verständnis dieser ganzen Ausführung
für seine Leser dadurch erschwert, dass er nicht alle einschlägigen
Texte anführt. Zunächst lässt er das Zitat, das das Kapitel er-
öffnet, erst mit 37 e 4 (ἃ δὴ φέροντες, usw.; vgl. S. 41, Anm. 1) anfan-
gen; hätte erangefangen mit 37 e 3 (ταῦτα δὲ πάντα μέρη χρόνου, καὶ τό
τ' ἦν τό τ' ἔσται χρόνου γεγονότα εἴδη; in der Übersetzung, S. 30, 6,
ist nur die erste Hälfte übertragen worden: *quae omnia partes sunt
temporis*), so wäre es wenigstens deutlicher gewesen, dass, wie schon
bemerkt wurde, in dem auf das Zitat folgenden Satz die Worte *haec
... assertio* sich nicht beziehen auf die unmittelbar vorhergehende
Äusserung über die Ewigkeit (*ast illi esse solum competit*), sondern
auf den Ausspruch über die Teile der Zeit, und besonders auf
die Worte *dicimus enim „fuit est erit"* (vgl. auch den soeben angeführten letzten Satz von Kap. 25). Zweitens hat er im Folgenden
in seiner auch sonst ziemlich freien Übertragung (vgl. S. 41, Anm. 1)
von Platons Ausführung über die Zeit einen Teil des Textes (38 a 7
καί-b 3 λέγομεν) einfach ausgelassen, und ihn auch im Kommentar
nicht angeführt [1]. Offenbar hat die Übersetzung des ganzen Passus

---

[1] Das folgt nicht notwendigerweise aus dem Umstand, dass der Abschnitt

über Ewigkeit und Zeit ihm grosse Schwierigkeiten bereitet, und Schwierigkeiten löst er ja nicht selten durch Auslassungen (vgl. z.B. unten S. 66). Es handelt sich hier nun besonders um 38 a 8-b 3: καὶ πρὸς τούτοις ἔτι τὰ τοιάδε (sc. λέγομεν), τό τε γεγονὸς εἶναι γεγονὸς καὶ τὸ γιγνόμενον εἶναι γιγνόμενον, ἔτι τε τὸ γενησόμενον εἶναι γενησό-μενον, καὶ τὸ μὴ ὂν μὴ ὂν εἶναι, ὧν οὐδὲν ἀκριβὲς λέγομεν. Dass die Vorlage des Calcidius diese Stelle berücksichtigte, zeigt sich darin, dass die Ausführung in Kap. 107, die anfängt mit dem Satz *Quid quod etiam illa, quae non sunt, esse dicimus, cum eadem non esse uolumus ostendere?*, nur dann verständlich wird, wenn man die letzten Worte des eben angeführten Satzes (καὶ τὸ μὴ ὂν μὴ ὂν εἶναι) heranzieht. Der Schluss ist also unabweisbar, dass Calcidius bei diesem für ihn besonders schwierigen Gegenstand nicht nur den einschlägigen Platontext, sondern auch die Ausführungen seiner Quelle dazu, gekürzt und beide Texte durch seine Auslassungen schwer verständlich gemacht hat.

Es handelt sich also schliesslich darum, dass hier Platons Behauptung, dass ein *fuit* und *erit* sich unmöglich auf die Ewigkeit beziehen können, von der ja nur das *est* ausgesagt werden darf, und dass somit diese beiden Verbalformen nicht zu der Ewigkeit, sondern zu der Zeit in Beziehung gesetzt werden müssen, als ein Argument zugunsten der Existenz der Zeit, oder besser als ein Argument wider die Leugnung ihrer Existenz verwandt wird. Platon hat ja zwar in dem soeben angeführten Satz gesagt, dass es unstatthaft ist, ein „ist" im Sinne des substanziellen Seins zu beziehen auf Dinge die entweder der Zeit unterworfen oder nicht-existent sind, aber einen Zweifel an die Existenz der Zeit selbst hat er nie geäussert: wenn das ἦν und ἔσται sich nicht auf die Ewigkeit beziehen, so folgt daraus für ihn ohne weiteres, nicht, dass sie nicht-existent sind, sondern, als einzige Möglichkeit, dass sie eben zur Zeit gehören. Dagegen findet sich ein solcher Zweifel bekanntlich in den Anfangssätzen der Erörterung des Zeitbegriffs in der aristotelischen Physik (Δ 10, 217 b 32-218 a 3): ὅτι μὲν οὖν ἢ ὅλως οὐκ ἔστιν (nl. ὁ χρόνος) ἢ μόλις καὶ ἀμυδρῶς, ἐκ τῶνδέ τις ἂν ὑποπτεύσειεν. τὸ μὲν γὰρ αὐτοῦ γέγονε καὶ οὐκ ἔστιν, τὸ δὲ μέλλει καὶ οὔπω ἔστιν. ἐκ δὲ τούτων

---

in der Übersetzung übergangen worden ist, denn die im Kommentar gegebenen Übertragungen des Timaiostextes stimmen nicht immer mit dem Text von Calcidius' Übersetzung. Die Ursache ist ohne Zweifel, dass Calcidius die in seiner Vorlage befindlichen Zitate gelegentlich zusammen mit dem Text der Vorlage übertragen hat ohne seine eigene Übersetzung heranzuziehen (so schon Borghorst, a.a.O., S. 32, Anm. 1).

καὶ ὁ ἄπειρος καὶ ὁ ἀεὶ λαμβανόμενος χρόνος σύγκειται. τὸ δ' ἐκ μὴ
ὄντων συγκείμενον ἀδύνατον ἂν εἶναι δόξειε μετέχειν οὐσίας ¹).

Obwohl es m.E. nicht mit völliger Sicherheit auszumachen ist,
welche die anonymen Leugner der Existenz der Zeit sind, die hier
von der Vorlage des Calcidius bestritten werden — es ist sehr wohl
möglich, dass es die Stoiker sind, nach denen die Zeit, ebenso
wie der Raum und das Leere, kein substanzielles Sein hat (vgl. z.B.
Pohlenz, *Die Stoa*, I, S. 65) —, so kommt es mir doch sehr wahrscheinlich vor, dass sowohl sie als ihr Bestreiter die soeben angeführte Stelle aus der Physik berücksichtigt haben (wie denn die
Stoa, und jedenfalls Chrysipp, bei der Erörterung des Zeitbegriffs
von der Theorie des Aristoteles, und Stratons Kritik dazu, ausgegangen ist; vgl. Pohlenz, *Die Stoa*, II, S. 27 und S. Sambursky,
Physics of the Stoics (London 1959), S. 100 ff.). Dafür spricht auch
der Umstand, dass bei Calcidius darüber gesprochen wird, wie man
die Worte *Homerum . . . esse diuinum poetam* zu verstehen hat, und
dass in der Physik dasselbe Beispiel gewählt wird (Δ 12, 221 b 31-
222 a 2: τῶν δὲ μὴ ὄντων ὅσα μὲν περιέχει ὁ χρόνος, τὰ μὲν ἦν, οἷον
"Ομηρός ποτε ἦν, τὰ δὲ ἔσται, οἷον τῶν μελλόντων τι, ἐφ' ὁπότερα
περιέχει). Es ist also damit zu rechnen, dass der Verfasser der
Vorlage des Calcidius mit der Besprechung der Zeit in der Physik
bekannt war; in diesem Zusammenhang ist nun zu beachten, dass
sowohl Adrastos wie Porphyrios einen Kommentar zur Physik
geschrieben hat. Nun ist aber Adrastos als konservativer Peripatetiker bekannt, und es wäre daher, wenn Calcidius ihm gefolgt hätte,
zu erwarten gewesen, dass hier die aristotelische Definition der
Zeit als μέτρον oder ἀριθμὸς τῆς κινήσεως wenigstens erwähnt würde.
Davon aber finden wir hier kein Wort: die ganze Verteidigung der
Existenz der Zeit ist basiert auf die Deutung von Platons Worten
dicimus enim „fuit est erit", die, wie schon oben hervorgehoben
wurde, ganz zu dem Inhalt des höchstwahrscheinlich auf Porphyrios
zurückgehenden Kapitels 25 stimmt. Dazu kommt nun aber noch,

---

¹) Vgl. zu dem Ganzen die klaren Ausführungen von F. Solmsen, *Aristotle's
System of the Physical World* (Ithaca, New York, 1960), Kap. 7 (S. 144-159),
besonders S. 151, Anm. 27: „An argument against its reality — against its
μετέχειν οὐσίας — (217 b 33-218 a 3) is found in the fact that the time which
belongs to future and past "is" not. From a somewhat different point of
view Plato emphasizes that words referring to past or future cannot be used
of the true *ousia* (*Tim.* 37 e 4 ff.); his conclusion, however, is that they must
therefore belong to time—and not to eternal being. In contrast to this Aristotle
here wonders about the "being" of time." S. auch Sambursky, a.a.O.,
S. 14-20.

dass eine Verteidigung der Existenz der Zeit sich im Neuplatonismus
mehr als einmal vorfindet. Ganz besonders ist hier hinzuweisen
auf eine, leider eine Korruptel enthaltende, Stelle aus Plotins
Abhandlung über Ewigkeit und Zeit (Enn. III 7, 13, 49 ff.):
Εἰ δέ τις ἐν οὐχ ὑποστάσει ἢ ἐν οὐχ ὑπάρξει τὸν χρόνον λέγοι (zum
sprachlichen Ausdruck vgl. Calc. Kap. 107, S. 155, 22: *cum idem
Plato siluam esse dicit in nulla substantia*), δηλονότι ψεύδεσθαι καὶ
τὸ θεὸν αὐτόν [1]), ὅταν λέγῃ „ἦν" καὶ „ἔσται" · οὕτω γὰρ ἔσται καὶ ἦν,
ὡς τὸ ἐν ᾧ λέγει αὐτὸν ἔσεσθαι. Ἀλλὰ πρὸς τοὺς τοιούτους ἄλλος τρόπος
λόγων. Soviel ist auf alle Fälle klar, dass Plotin die Meinung der
τοιοῦτοι (die etwas geringschätzige Bezeichnung der ebenfalls
Ungenannten erinnert an das *eos qui* des Calcidius), die der Zeit
eine ὑπόστασις oder ὕπαρξις absprechen, ablehnt. Eine Verteidigung
der Realität der Zeit findet sich weiter z.B. bei Jamblichos (bei

---

[1]) Statt ψεύδεσθαι konjizierte Kirchhoff ψεύσεται, was von Müller, Volk-
mann und Bréhier übernommen wurde; weiter lesen alle diese Herausgeber
mit den Handschriften B und S καὶ τὸν statt καὶ τὸ. Bréhier übersetzt: „ . . .
c'est évidemment dire que Dieu lui-même se trompe, en disant: tel
être a été et sera." Man müsste dann aber entweder ψεύδεσθαι . . . τὸν θεὸν
αὐτόν oder ψεύσεται . . . ὁ θεὸς αὐτός erwarten. Von dem von Bréhier gebotenen
Text geht auch J. F. Callahan aus, der in seiner Monographie *Four Views
of Time in Ancient Philosophy* (Cambridge, Mass., 1948), S. 144, die folgende
Paraphrase des Satzes gibt: „If anyone should say, continues Plotinus, that
time consists in something that has no subsistence or existence, then he will
clearly belie the existence of God himself — C. fasst also die Worte τὸν θεὸν
αὐτόν als Objekt von ψεύσεται — whenever he says that God was or will be
(13. 49). For God was and will be only insofar as that thing is in which this
person says God was or will be." Dazu wird ebd., S. 145, die folgende Erläuterung gegeben: „This attenuated time is repugnant to Plotinus and would
certainly be repugnant, he says, to the man who proclaims that God was and
will be, and therefore exists in time, if he should think of the consequences
of making time a mere abstraction." Er fügt dann hinzu, dass Plotin selbst
natürlich nicht an eine Existenz des höchsten Gottes in der Zeit denkt, und dass
er die Diskussion mit der Bemerkung beschliesst, dass eine andere Art von
Argumentation gegen diejenigen angewandt werden soll, die sagen, dass Gott
war und sein wird. Es ist aber m.E. aus dem Zusammenhang evident, dass
mit τοὺς τοιούτους diejenigen gemeint sind, die die Existenz der Zeit leugnen.
Henry-Schwyzer setzen eine Crux nach ψεύδεσθαι und bemerken im Apparat:
„an τὸ θεὸν αὐτόν (scil. εἶναι) subiectum ad ψεύδεσθαι (passivum id est ψεῦδος
εἶναι)?" Dann wäre die Bedeutung also: „dass dann offenbar auch die
Behauptung, dass die Zeit ein Gott ist, eine Lüge ist." Diese Behauptung
passt aber besser auf die die chaldäischen Orakel berücksichtigenden Neuplatoniker als auf Plotin. Dagegen hat die von J. C. M. van Winden vorge-
schlagene Konjektur θετέον (zu erscheinen in Mnemos. IV 17 (1964), 2) vieles für sich. Ebd. wird richtig hervorgehoben, dass Plotin sich hier nicht
gegen die Stoa richtet, die ja in § 8, 23 ff. bestritten worden ist, sondern
dass die Stelle mit § 9, 78-80 zu verbinden ist, und dass es nicht ausgeschlossen ist, dass Plotin eine von ihm selbst aufgeworfene Möglichkeit bestreitet.

Proklos in Tim. 248 f, III, S. 33, 10-11) : ἀληθινὴ γὰρ ὢν (sc. ὁ χρόνος) οὐσία, und mehrere Male bei Proklos In Tim., z.B. 244 e (III, S. 21, 5-6): οὐκ ἄρα ἀκολουθητέον τοῖς ἐν ψιλαῖς ἐπινοίαις αὐτὸν (sc. τὸν χρόνον) ἱστᾶσιν ἢ συμβεβηκός τι ποιοῦσιν. Bemerkenswert ist auch ebd. 247 a (III, S. 27, 19 ff.) : πῶς οὐχὶ ὁ χρόνος αἰῶνος ὢν εἰκὼν κρεῖττόν τι καὶ αὐτῆς ἂν εἴη τῆς ψυχῆς καὶ οὐσιωδέστερον; Sehr oft betont Proklos auch, meistens in Verbindung mit Aussprüchen der chaldäischen Orakel (οἱ θεουργοί), die Göttlichkeit der Zeit, z.B. 247 b (III, S. 28, 6-7): τὴν θαυμαστὴν καὶ δημιουργικὴν φύσιν τοῦ θεοῦ τούτου; 251 a (III, S. 40, 2-3): θεὸς ἀφανὴς καὶ κατ' οὐσίαν αἰώνιος; 244 d (III, S. 20, 10-11); 244 e (III, S. 20, 23), usw.; vgl. auch die wichtige Ausführung 246 d (III, S. 26, 2 ff.) und i.a. L. J. Rosán, *The Philosophy of Proclus* (New York 1949), S. 185 f.

Es ist somit deutlich, dass die Vorlage des Calcidius sich hier mit einem im Neuplatonismus vielerörterten Problem befasste. Verschiedene hinzukommende Erwägungen, besonders die Fest-stellung der Übereinstimmungen zwischen den Kapiteln 106 und 25, lassen es nun aber als mehr als wahrscheinlich vorkommen, dass Calcidius in Kap. 106 auf den Timaioskommentar des Porphyrios zurückgreift.

Vielleicht lässt sich noch eine weitere Spur des Einflusses des Porphyrios aufzeigen, die allerdings nur in der Übersetzung, nicht auch im Kommentar sichtbar wird (wie denn der Kommentar, wie schon hervorgehoben wurde, gerade hier von einer laufenden Erklärung des Wortlauts des Platontextes ziemlich weit entfernt ist). Es handelt sich um die Übertragung von 38 a 3-5: τὸ δὲ ἀεὶ κατὰ ταὐτὰ ἔχον ἀκινήτως οὔτε πρεσβύτερον οὔτε νεώτερον προσήκει γίγνεσθαι διὰ χρόνου οὐδὲ γενέσθαι ποτὲ οὐδὲ γεγονέναι νῦν οὐδ' εἰς αὖθις ἔσεσθαι. Calcidius übersetzt (S. 30, 11-12): *aeui quippe mansio perpetua et immutabilis. Ergo neque iunior se neque senior nec fuit nec erit.* Merkwürdig ist hier die Hinzufügung von *se* hinter *iunior*, da eine Variante πρεσβύτερον (bzw. νεώτερον) ἑαυτοῦ in keiner der bestehenden Handschriften des Timaios überliefert ist. Nun findet sich aber die Verbindung πρεσβύτερον (νεώτερον) ἑαυτοῦ γίγνεσθαι mehr als einmal in dem bekannten Abschnitt der ersten ὑπόθεσις des Parmenides (140 e 1-141 d 6), wo die Frage nach möglichen Beziehungen zwischen dem Einen und der Zeit erörtert wird, vgl. besonders 141 a 6-7: ἢ οὐκ ἀνάγκη, ἐάν τι ᾖ ἐν χρόνῳ, ἀεὶ αὐτὸ αὑτοῦ πρεσβύτερον γίγνεσθαι; 141 c 8-d 3: Ἀνάγκη ἄρα ἐστίν, ὡς ἔοικεν, ὅσα γε ἐν χρόνῳ ἐστὶν καὶ μετέχει τοῦ τοιούτου, ἕκαστον αὐτῶν τὴν αὐτήν τε αὐτὸ αὐτῷ ἡλικίαν ἔχειν καὶ πρεσβύτερόν τε αὐτοῦ ἅμα καὶ νεώτερον γίγνεσθαι. Gerade dieser Abschnitt wird nun aber wörtlich zitiert (von 141 a 5 an) und sodann besprochen in den Folia VII und VIII des von Wilhelm Kroll [1]) herausgegebenen anonymen Parmenideskommentars, der, wie Kroll schon dargetan hat, auf jeden Fall einen Neuplatoniker zum Verfasser hat; selbst vermutete er (a.a.O., S. 624) auf Grund der „verhältnismässig sorgfältigen Art der Platoninterpretation", dass die Schrift aus der Schule von Athen stammt, und dass sie in die Zeit nach Jamblichos gehört (dies wegen der Anführung der chaldäischen Orakel), aber früher ist als Syrianos, während R. Beutler [2]) sie Plutarchos von Athen zuschreiben will. P. Hadot [3]) hat nun aber mit beachtenswerten Gründen die Autorschaft des Porphyrios verteidigt. Da sich sonst im Kommentar des Calcidius ein gewisses Interesse für den Parmenides zeigt [4]), das selbstverständlich nicht ihm selbst, sondern seiner Vorlage zuzuschreiben ist, so verdient m.E. die Möglichkeit Erwägung, dass die von Calcidius gebotene Übersetzung bedingt ist durch die Erörterung über Ewigkeit und Zeit im Timaioskommentar des Porphyrios, der wohl sicher zu der Timaiosstelle (38 a 3-5) den gleichartigen Text des Parmenides (141 a 6-7) herangezogen hat.

Im nächsten Kapitel (107) wird dann der letzte Teil des oben aus dem Platontext angeführten Satzes (τὸ μὴ ὂν μὴ ὂν εἶναι) an der Hand von zwei Beispielen erörtert. Für die Erklärung des Zeitbegriffs ist dieses Kapitel unnötig; es ist dadurch klar, dass die Kapitel 105-107 nicht als ein Exkurs *de tempore* aufzufassen sind, sondern dass

---

[1]) *Ein neuplatonischer Parmenideskommentar in einem Turiner Palimpsest*, Rhein. Mus., N.F., 47 (1892), S. 599-627.

[2]) Art. *Plutarchos von Athen*, P.W. XXI (1951), Kol. 974-975.

[3]) *Fragments d'un commentaire de Porphyre sur le Parménide*, Rev. Ét. Gr. 74 (1961), S. 410-438. Ganz sicher ist die Existenz eines von Porphyrios verfassten Parmenideskommentars allerdings nicht, denn eine Äusserung des Porphyrios über den Parmenides wird nur an einer Stelle erwähnt, nämlich Damaskios De princ. II, S. 112, 13 ff. Ruelle, wo eine von Porphyrios gegebene Deutung von Parmen. 144 c 5 ἕν γέ τι den von Syrianos und Jamblichos gegebenen gegenübergestellt wird (zur Sache vgl. Hadot, a.a.O., S. 421, Anm. 53). Da es nun aber wahrscheinlich ist, dass die zwei letztgenannten Neuplatoniker Kommentare zum Parmenides geschrieben haben (für Syrianos vgl. Zeller III 2⁴, S. 823 mit Anm. 2; zweifelnd allerdings Praechter, P.W. 2. R. IV (1932), Kol. 1730-1731; für Jamblichos vgl. Syrianos in Metaphys. Fol. 29 b Bagolino), liegt es auf der Hand, anzunehmen, dass Damaskios auch im Falle des Porphyrios sich auf einen Kommentar beruft.

[4]) Kap. 272, wozu vgl. oben S. 29, Anm. 1 und die Anm. z. St.; Kap. 335; s. auch die Praefatio, S. XCVII-XCVIII.

vielmehr eine laufende Kommentierung des Platontextes (die von
Calcidius offenbar bisher nur fragmentarisch reproduziert wurde)
weitergeht. Es verdient Beachtung, dass der einschlägige Satz
aus dem Timaios von Aristoteles in der Metaphysik übernommen
worden ist (Γ 2, 1003 b 6 ff.): τὰ μὲν γὰρ ὅτι οὐσίαι, ὄντα λέγεται . . .
ἢ τούτων τινὸς ἀποφάσεις ἢ οὐσίας· διὸ καὶ τὸ μὴ ὄν εἶναι μὴ ὄν φαμεν.
Von den zwei Beispielen lautet das erste: *Ut cum dicimus quadrati
latus esse dispar lateribus ceteris uel diametrum lateribus esse maiorem
— ita enim dicentes probamus minime esse aequalem lateribus proptereaque absonum.* Es handelt sich somit darum, dass positive Ausdrücke (*dispar est, maior est*) angewandt werden um etwas Negatives
anzudeuten (*minime est aequalis*). Auch hier werden wir wieder an
Aristoteles erinnert, da dieser ja zweimal die Kommensurabilität von
Diagonal und Seite als Beispiel eines absoluten μὴ ὄν anführt: Phys. Δ
12, 221 b 23 ff.: φανερὸν οὖν ὅτι οὐδὲ τὸ μὴ ὄν ἔσται πᾶν ἐν χρόνῳ, οἷον ὅσα
μὴ ἐνδέχεται ἄλλως, ὥσπερ τὸ τὴν διάμετρον εἶναι τῇ πλευρᾷ σύμμετρον;
Met. Δ 29, 1024 b 19 ff.: ὥσπερ λέγεται τὸ τὴν διάμετρον εἶναι σύμμετρον ἢ τὸ σὲ καθῆσθαι· τούτων γὰρ ψεῦδος τὸ μὲν ἀεὶ τὸ δὲ ποτέ· οὕτω
γὰρ οὐκ ὄντα ταῦτα. Über die mögliche Herkunft dieser Beispiele
(es kann zunächst wiederum sowohl an Adrastos als an Porphyrios
gedacht werden) möchte ich mich vorläufig noch nicht aussprechen.

Das zweite Beispiel entstammt ebenfalls dem Peripatos; es ist
nötig, auch diese Stelle hier vollständig anzuführen: *uel cum idem
Plato siluam esse dicit in nulla substantia propterea quod nulla
siluestria habeant ullam perfectionem. Dum enim sunt adhuc siluestria,
informia sunt ac sine ordine ac specie, ut saxa, quorum tamen est
naturalis possibilitas, ut accedente artificio simulacrum fiat uel quid
aliud huius modi; quod uero sola possibilitate et sine effectu uidetur
esse, minime est, utpote carens perfectione.* Die Behauptung, dass die
Materie nach Platon keine Substanz hat, findet sich wieder in der
Zusammenfassung des Berichtes über die aristotelische Lehre von
der Materie (Kap. 288, S. 292, 17 ff.): *Haec Aristotelis de silua
sententia, nisi quod addit Platonem tria illa* (sc. *speciem siluam caren-
tiam*) *nominibus tantum attigisse, effectu autem duo posuisse initia
corporeae rei, speciem et minimum grande, quod sit silua. Non
ergo tria sed duo haec erunt initia, inquit* (Aristoteles),
species et silua, quam ait (Plato) *ex natura nullam habere
substantiam* (in der Ausgabe habe ich nur die Worte, die einigermassen zu dem Text von Phys. A 9, 192 a 6 ff. stimmen, gesperrt
drucken lassen, nämlich *Non ergo — silua*; dadurch wird aber die

Tatsache verwischt, dass nach Calcidius auch die Worte *quam—*
substantiam noch zu der Äusserung des Aristoteles gehören).

Das Kapitel 288 bietet mehrere Schwierigkeiten, die von van
Winden, a.a.O., S. 90-92, erörtert worden sind und hier nicht alle
erneut besprochen zu werden brauchen. Das am meisten Auffällige
ist, dass in Phys. A 8-9, worauf die ganze Beschreibung der einschlägigen Lehre des Aristoteles (Kap. 283-288) beruht, Aristoteles
nirgendwo sagt, dass nach Platon die Materie keine Substanz besitzt;
wir müssen also annehmen, dass diese Formulierung in Kap. 288,
dann aber auch die gleichlautende in der vorliegenden Stelle aus
Kap. 107, entweder von Calcidius selbst oder von seiner Vorlage
herrührt. Van Winden entscheidet sich für die erstere Möglichkeit [1]). Demgegenüber möchte ich zweierlei bemerken. Erstens
ist es wahrscheinlich, wie ich schon in der Praefatio der Ausgabe
(S. LXXIX-LXXX) ausgeführt habe, dass der ganze Abschnitt
über die aristotelische Lehre von der Materie (Kap. 283-288) aus
Porphyrios stammt. Zweitens ist es m.E. unumgänglich, den aus
Kap. 107 angeführten Satz in Beziehung zu setzen zu der Ausführung über die dreifache Bedeutung des Wortes *essentia* in Kap. 222.
Es sind hier anzuführen die Beschreibungen der zweiten und
dritten Art der *essentia*, nämlich die des Stoffes und der aus Form
und Stoff bestehenden Dinge (S. 235,13-236, 1): *altera* (sc. *essentia*
est), *qua materiam informem et adhuc siluam mente consideramus,*
haec quippe possibilitate omnia est quae ex se fieri possunt, effectu
autem nondum quicquam, ut massa aeris et intractata ligna; tertia, cui
accidens effectus perficit eam exornatque impressione formae, ex qua
forma, quam insigniuit ars, id quod perfectum est nomen accepit, ut

---

[1]) In den Worten *uel cum idem Plato siluam esse dicit in nulla substantia*
propterea quod nulla siluestria habeant ullam perfectionem findet van Winden,
a.a.O., S. 92, eine Anspielung auf Tim. 50 e 4-5: διὸ καὶ πάντων ἐκτὸς εἰδῶν
εἶναι χρεὼν τὸ τὰ πάντα ἐκδεξόμενον ἐν αὐτῷ γένη; *perfectio* ist nach ihm
Übersetzung von εἶδος. Da nun Aristoteles nirgendwo sagt, dass Platon
die Materie ,,substanzlos" genannt hatte, betrachtet er es als äusserst
zweifelhaft, dass Calcidius in Kap. 288 einen bestimmten Text im Auge hat,
und folgert daraus, dass an eine von ihm selbst (und zwar im Anschluss an
die soeben genannte Timaiosstelle) aufgestellte Formulierung zu denken
sei. Eine Anspielung auf diese Stelle scheint mir aber fragwürdig zu sein, da
das *nullam perfectionem habere* nicht von der Materie selbst ausgesagt wird,
um die es sich in Tim. 50 e 4-5 handelt, sondern von den *siluestria*. Die
Timaiosstelle lässt sich darum m.E. nicht mit dem zu Besprechung stehenden
Satz des Calcidius in Verbindung setzen; vielmehr wiederholt Calcidius hier
die gleich aus Kap. 222 zu zitierende Ausführung (das Adjektiv *siluestris*
ebd., S. 236, 2).

statua, quae ex similitudine formae, cuius est statua, similacrum uocatur. Die Parallele ist m.E. schlagend. Nun ist aber zu bemerken, dass die ganze Partie, die die Kapitel 222-226 umfasst, und in der die aristotelische Definition der Seele erst referiert, sodann widerlegt wird, wohl sicher auf Porphyrios zurückzuführen ist; es ist nämlich praktisch sicher, dass die Widerlegung aus der Feder des Porphyrios stammt (es finden sich mehrere Übereinstimmungen mit den Fragmenten seiner Schrift gegen Boethos), und es liegt auf der Hand, das Referat derselben Quelle zuzuschreiben aus der die Widerlegung stammt (weiteres s. in den Anm. zu den genannten Kapiteln und in der Praefatio der Ausgabe, S. LXXV-LXXVI). Da nun aber das zweite in Kap. 107 gegebene Beispiel auch in der Terminologie völlig zu der soeben aus Kap. 222 angeführten Stelle stimmt, liegt der Schluss auf der Hand, dass Calcidius dieses Beispiel aus Porphyrios hat. Dazu kommt noch, dass gerade Porphyrios eine besondere Veranlassung hatte um Platon die Meinung, dass die Materie ohne Substanz sei, zuzuschreiben: er betrachtete ja selber die Materie als ein μὴ ὄν [1]), und es wäre somit verständlich, wenn er in seiner Timaioserklärung die eigene Lehre bei dem Meister wiederfinden wollte.

In die Richtung des Porphyrios weist nun schliesslich auch der letzte Satz des Kapitels: *Verum haec disputatio, quia nihil pertinet ad naturalem tractatum, cum sit rationabilis, differetur.* Hierzu ist heranzuziehen ein Abschnitt der Kommentierung von 38 a 8 καὶ πρὸς τούτοις - b 5 διακριβολογεῖσθαι im Timaioskommentar des Proklos, 253 d-254 a (III, S. 47, 27-49, 19), in dem den Worten καὶ τὸ μὴ ὄν μὴ ὄν εἶναι besondere Aufmerksamkeit gewidmet wird, und zwar S. 48, 31-49, 7: διὸ ἐπισημηνάμενος ἐφ' ὅσον ἔπρεπε τῇ παρούσῃ σκέψει φυσικωτέρᾳ οὔσῃ (vgl. dazu S. 29, Anm. 1) περὶ τούτων ἐπιπλέον ἐξετάζειν ἄλλης εἶναί φησι πραγματείας, ὡς μὲν οἱ πολλοὶ νομίζουσι τῶν ἐξηγητῶν, λογικῆς (ἐν γὰρ ταῖς λογικαῖς συνουσίαις εἰώθασι ζητεῖν, εἰ δοξαστόν ἐστι τὸ μὴ ὄν), ὡς δὲ ὁ θεῖος Ἰάμβλιχος εἶπε κἀγὼ πείθομαι, θεολογικῆς· ἔν τε γὰρ τῷ Σοφιστῇ πολὺς ὁ περὶ τοῦ παντοδαπῶς μὴ ὄντος λόγος κἀν τῷ Παρμενίδῃ, ὧν δὴ καὶ τὸ σκέμμα οἰκεῖον ὁ Τίμαιος εἶναι ἀποφαίνεται. Wenn nun aber Proklos, der hier

---

[1]) Vgl. die in der Praefatio der Ausgabe, S. CIII, Anm. 1, gesammelten Stellen, besonders Sentent. 20, wo die ὕλη als ein ἀληθινὸν μὴ ὄν und als eine ἔλλειψις παντὸς τοῦ ὄντος gekennzeichnet wird. Vgl. auch R. Beutler, Art. *Porphyrios*, P. W. XXII, Kol. 303: ,,P. scheint der (sonst spezifisch christlichen) Ansicht einer Schöpfung aus dem Nichts nahezukommen."

den Kommentar des Porphyrios fortwährend bei der Hand hatte,
ausdrücklich sagt, dass Jamblichos als erster die Erörterung über
das μὴ ὄν der θεολογικὴ πραγματεία zuwies [1]), so liegt es auf der
Hand anzunehmen, dass Porphyrios sie noch zur λογικὴ πραγματεία
rechnete, und dies ist eben, was im Satz des Calcidius gesagt wird [2]).
Was das erste („geometrische") Beispiel betrifft, so werden wir es
jetzt eher dem Porphyrios als dem Adrastos zuschreiben.

Wir kommen somit zu der Schlussfolgerung, dass sich in den
Kapiteln 101-107, besonders in der Besprechung des Zeitbegriffs,
unverkennbare Spuren neuplatonischer Lehre finden, die zusammen
mit der stark an das sicher auf Porphyrios zurückgehende Kapitel
222 erinnernden Ausführung in Kap. 107 deutlich in die Richtung
des Porphyrios weisen. Es ist bei der Gegensätzlichkeit der neuplatonischen und peripatetischen Theorien von der Zeit, die in
Plotins Bestreitung der aristotelischen Definition als ἀριθμός oder
μέτρον τῆς κινήσεως (Enn. III 7, 9) am klarsten zum Ausdruck
kommt, kaum nötig zu betonen, dass die von Calcidius vertretene
Ableitung der Zeit aus dem Leben, das aus der Selbstbewegung
der Weltseele hervorgegangen ist, nicht von dem Peripatetiker
Adrastos herrühren kann.

Damit kommen wir zu den Kapiteln 98-100, deren Besprechung
wir oben (S. 37) zurückgestellt hatten. Kap. 98, das nach dem
Zitat von Tim. 36 d 8-e 5 eine Ausführung über die verschiedenen
Bedeutungen von *caelum* enthält, wird von Switalski, a.a.O., S. 70,
dem ich in der Ausgabe (S. XXXVII und Anm. zu S. 150, 14-151, 3)
gefolgt bin, aus Adrastos hergeleitet. Dasselbe nimmt Switalski,
a.a.O., ebenso wie Borghorst, S. 36, auf Grund der Übereinstimmung
der in Kap. 100 referierten Ansicht über die Sonne als Mittelpunkt
des Weltalls mit Theon S. 187, 13-188, 7 für dieses Kapitel an,
während E. Steinheimer, *Untersuchungen über die Quellen des*

---

[1]) Für den Gegensatz φυσική—θεολογία bei Jamblichos vgl. S. 29, Anm. 1.
[2]) Dagegen lässt Calcidius in Kap. 264-265, wo er die von Albinos im
dritten Kapitel seiner Epitome gegebene Einteilung der Philosophie unmittelbar oder mittelbar reproduziert, die Logik aus; die *praestandae rationis
scientia*, die er hier als dritten Teil der *consideratio* (= ἡ θεωρητική des Albinos, vgl. S. 7, Anm. 3) nach der *theologia* (τὸ θεολογικόν Alb.) und der *naturae
sciscitatio* (τὸ φυσικόν Alb.) erwähnt, hat mit der Logik nichts zu tun, da sie,
wie aus der am Ende des Kapitels gegebenen Erläuterung erhellt, dem μαθηματικόν des Albinos entspricht. Merkwürdig ist, dass auch Macrobius in seiner
im Kommentar zum Somnium Scipionis, II 17, 15-16 gegebenen Einteilung
der Philosophie die Logik fortlässt (vgl. dazu Mras, a.a.O., S. 50-51).

Chalcidius [1]), S. 38-39, sowohl hier als in Kap. 99 den Einfluss des Porphyrios nachzuweisen versucht hat; ich habe mich auch in diesem Fall (Praefatio, S. LXVII, Anm. 1) der erstgenannten Meinung angeschlossen. Da ich mich dort nur kurz fassen konnte, scheint es mir erwünscht, die Frage der Herkunft dieser Kapitel hier ausführlicher zu erörtern.

Der Umstand, dass am Anfang von Kap. 98 der Abschnitt Tim. 36 d 8-e 5 angeführt wird, dessen Erklärung dann die Kapitel 98-101 gewidmet sind, ergibt m.E. keinen zwingenden Grund für die Annahme, dass diese ganze Erörterung von Calcidius aus einer und derselben Vorlage übersetzt sein müsse, da er in die aus seiner jeweiligen Vorlage übernommenen Darlegungen gelegentlich anderswoher genommene Ausführungen einschaltet: ein gutes Beispiel bietet das im Folgenden zu besprechende Kapitel 113, vielleicht auch die in eine porphyrianische Umgebung eingefügte, auf Albinos zuzückgehende Beschreibung der Einteilung der Philosophie (Kap. 264-265). Es wird sich also darum handeln, die drei zur Besprechung stehenden Kapitel ausschliesslich auf ihren Inhalt zu prüfen.

In Kap. 98 geht Calcidius nach der Anführung des erwähnten Timaiostextes unvermittelt zu einer Beschreibung der verschiedenen Bedeutungen von *caelum* über, obwohl das Wort sich erst im zweiten der angeführten Sätze findet. Der Abschnitt hat eine deutlich systematische Einteilung, die ich im Folgenden angebe: *Caelum diuerse et dicitur et accipitur*: (1) *partim mundi superficies, quam uranon Graeci appellant, uelut uisus nostri limitem ultra quem porrigi nequeat, quasi 'oranon',* (2) *partim sphaera quae aplanes uocatur,* (3) *proprie* (κυρίως) *uero omne hoc quod a lunari globo surgit,* (4) *communiter* (κοινῶς) *autem quidquid supra nos est, in qua regione nubila concrescunt, et aliquanto superius, ubi astra sunt, nam et pluuias ex caelo dicimus demanare et stellas in caelo apparere, quae appellantur cometae, et cetera quae apparent infra lunae globum.* (5) *Caelum quoque usurpantes* (καταχρηστικῶς) *mundum omnem uocamus.*

Es ist längst erkannt worden (z.B. von Switalski, a.a.O., S. 70), dass dieser Einleitung die bekannte Diskussion der drei Bedeutungen von οὐρανός in Aristot. De caelo A 9, 278 b 11 ff., zugrunde liegt. Vollständig ist die Übereinstimmung indessen nicht. Die zwei ersten von Calcidius erwähnten Bedeutungen, die durch *partim . . .*

---

[1]) Programm des kön. human. Gymn. Aschaffenburg für das Schuljahr 1911-1912 (Aschaffenburg 1912); ebenfalls (gleichlautend) als Inauguraldissertation Würzburg (Aschaffenburg 1912).

partim enger mit einander verbunden sind, entsprechen völlig der
ebenfalls zweigeteilten ersten Gruppe des Aristoteles: ἕνα μὲν οὖν
τρόπον οὐρανὸν λέγομεν τὴν οὐσίαν τὴν τῆς ἐσχάτης τοῦ παντὸς περιφορᾶς
(Calc. *mundi superficies*), ἢ σῶμα φυσικὸν τὸ ἐν τῇ ἐσχάτῃ περιφορᾷ
τοῦ παντός (sc. die Fixsternsphäre [1])). Keine Entsprechung bei
Calcidius hat die Fortsetzung des Abschnitts bei Aristoteles:
εἰώθαμεν γὰρ τὸ ἔσχατον καὶ τὸ ἄνω μάλιστα καλεῖν οὐρανόν, ἐν ᾧ καὶ
τὸ θεῖον πᾶν ἱδρῦσθαί φαμεν; dagegen fügt er eine etymologische
Erklärung hinzu (*uelut uisus nostri limitem*), die sowohl die zuerst
bei Platon, Kratylos 396 b 8-c 1, vorkommende Ableitung von ὁράω
als die zuerst in der Schrift De mundo (400 7 a f.) gegebene Erklärung ἀπὸ τοῦ ὅρον εἶναι τὸν ἄνω berücksichtigt. Eine gleichartige
Verbindung der beiden Etymologien findet sich, wie Ilona Opelt
hervorgehoben hat [2]), bei Philon De opif. mundi 37: εἶτ' εὐθέως
οὐρανὸν προσεῖπεν αὐτόν . . ., ἤτοι διότι πάντων ὅρος ἢ διότι πρῶτος τῶν
ὁρατῶν ἐγένετο. Weiter ist noch hinzuweisen auf Gregor von Nyssa,
Contra Eunomium II 273 (I, S. 306 Jaeger; P.G. 45, 1004 a):
οὐρανὸν . . . προσαγορεύομεν τὸν τῶν ὁρατῶν πάντων ὅρον γινόμενον,
was der calcidianischen Etymologie am nächsten kommt.

Schwieriger zu bestimmen ist das Verhältnis zwischen der zweiten
von Aristoteles und der dritten und vierten von Calcidius genannten
Bedeutung (die dritte bei Aristoteles, τὸ . . . ὅλον καὶ τὸ πᾶν, und

---

[1]) Vgl. W. K. C. Guthrie z.St. in der Loeb-Ausgabe, S. 88, Anm. *a*. So
auch Alexander Aphrodis. bei Simplic. in Aristot. De caelo S. 1, 1 ff. Heiberg:
Τὸν σκοπὸν τῆς Περὶ τοὐρανοῦ 'Αριστοτέλους πραγματείας ὁ 'Αλέξανδρος περὶ
κόσμου φησίν· οὐρανὸν γὰρ τριχῶς ὑπὸ τοῦ 'Αριστοτέλους ἐν τούτοις λέγεσθαι
τήν τε τῶν ἀπλανῶν σφαῖραν καὶ ὅλον τὸ θεῖον καὶ κυκλοφορικὸν σῶμα, ὅπερ καὶ
ἔσχατον οὐρανὸν ἐν τούτῳ τῷ βιβλίῳ μετὰ προσθήκης καλεῖ, καὶ ἔτι μέντοι τὸν
κόσμον, ὥσπερ καὶ Πλάτων ὠνόμασεν (es folgt Tim. 28 b 2-3). So auch z.B.
Numenios Testimon. 42 Leem. (S. 100, 11-12): οὐρανὸν μὲν τὴν ἀπλανῆ λέγων
(sc. Numenios) und Macrob. In Somn. Scip. II 3, 2 und II 4, 8 (κόσμος als
Bezeichnung der ἀπλανής (τὸν ὄγδοον) schon Epinomis 987 b 6-7).
[2]) *Christianisierung heidnischer Etymologien*, Jahrb. f. Ant. u. Christ. 2
(1959), S. 80-81 (Ableitung von ὁράω: Basil. Hexaem. III 8 (P.G. 29, 72 b),
danach Ambros. Hexam. II 4, 15 und Eustath. In Hexaem. III 8, 2; Ambros.
a.a.O. V 22, 7; Isidor. Etymol. III 31, 2; — von ὅρος: Philon De plantat. 3.
— Verbindung der beiden: Johannes Mauropos Euchaita 17-21). Vgl. auch
G. J. M. Bartelink, Vigil. Christ. 17 (1963), S. 96. Hinzufügen lässt sich z.B.
für ὅρος: Philopon. De opif. mundi III 17 (S. 157, 25-26 Reichardt): ὁ δὲ
οὐρανὸς ὡς ἅπαντα περιέχων καὶ οἷον ὅρος ὢν ἁπάντων (gleichartig ebd. S. 158,
8 ff.); für ὁράω: Philopon. a.a.O. (S. 158, 14-16): Δύναται δὲ τὸ στερέωμα
καὶ κατ' ἄλλην ἔννοιαν οὐρανὸς ὠνομάσθαι, ὅτι τὸ ὁρᾶν πᾶσιν ἐκεῖθεν ἐφῆκει. Die
im Text angeführte Stelle aus Gregor von Nyssa wird von Gronau zu Unrecht
verbunden mit der Kratylosstelle; vgl. dazu H. Cherniss, *The Platonism of
Gregory of Nyssa*, S. 79.

die fünfte bei Calcidius, *mundus omnis*, stimmen überein, vgl.
unten S. 56). Bei Aristoteles handelt es sich im zweiten Fall um die
Planeten [1]: ἄλλον δ' αὖ τρόπον τὸ συνεχὲς σῶμα τῇ ἐσχάτῃ περιφορᾷ
τοῦ παντός, ἐν ᾧ σελήνη καὶ ἥλιος καὶ ἔνια τῶν ἄστρων· καὶ γὰρ ταῦτα
ἐν τῷ οὐρανῷ εἶναί φαμεν; die erste und zweite von ihm genannte
Bedeutung beziehen sich somit auf komplementäre Grössen. Bei
Calcidius machen dagegen die Formulierungen der dritten und
vierten Bedeutung: *omne hoc quod a lunari globo surgit* und *quidquid
supra nos est*, zunächst den Eindruck, dass die Aufzählung von
fünf Bedeutungen eine aufsteigende Linie wiedergibt, wobei fortwährend zur vorigen Bedeutung etwas hinzugefügt wird: 1) Umkreis des Weltalls — 2) = 1 + *aplanes sphaera* — 3) = 2 + Mond,
Sonne und Planeten — 4) = 3 + die Region zwischen Mond und
Erde — 5) = das ganze Weltall, also 4 + Erde. Dieser Interpretation widersetzt sich nun aber der Umstand, dass die nähere Beschreibung von 4) sich gar nicht bezieht auf ,,Alles was über uns
ist", also das ganze Weltall mit Ausnahme der Erde, sondern nur
auf die Region zwischen Mond und Erde. Calcidius sagt nämlich:
*in qua regione nubila concrescunt, et aliquanto superius, ubi astra
sunt, nam et pluuias ex caelo dicimus demanare et stellas in caelo
apparere, quae appellantur cometae, et cetera quae apparent infra
lunae globum.* Man kann hier zunächst denken, dass mit den Worten
et aliquanto superius, ubi astra sunt die Sterne, bzw. mit Einschluss
der Planeten, gemeint sind, aber eine nähere Betrachtung lässt
diese Deutung recht fraglich erscheinen. Erstens befremdet das
vor *superius* gesetzte *aliquanto*: es kann sich also nicht um *astra*
handeln, die sehr viel höher als die Wolken sind. Der mit *nam* anfangende Satz macht dann klar, was mit *astra* gemeint ist; denn
ebenso wie *pluuias ex caelo ... demanare* die Erklärung ist von *in
qua regione nubila concrescunt*, so ist *stellas in caelo apparere, quae
appellantur cometae* offenbar die Erklärung von *aliquanto superius,
ubi astra sunt* — mit *astra* sind somit Kometen gemeint. Nun sind
aber gerade nach der in dieser Hinsicht altertümlichen [2] Lehre
des Peripatos die Kometen atmosphärische, also sublunare, Phäno-
mene (was hier auch unterstrichen wird durch den Schluss des

---

[1] Vgl. dazu Taylor, a.a.O., S. 175; W. K. C. Guthrie in der Loeb-Ausgabe,
S. 88, Anm. *a*.
[2] Wehrli spricht mit Recht in seiner Anmerkung zu Straton fr. 86
(Die Schule des Aristoteles, Heft V, Straton von Lampsakos, Basel [1950],
S. 65) von ,,diesem Rest eines überwundenen Weltbildes."

Satzes: *et cetera quae apparent infra lunae globum*). Die Hauptstelle
ist Aristoteles Meteorolog. A 7, 344 a 16 ff., wo gesagt wird, dass der
ἀστὴρ κομήτης (vgl. Calc. *ubi astra sunt*) durch die Erhitzung
schnell bewegter Luft entsteht. Vgl. weiter Herakleides Pontikos
nach Aet. Plac. III 2, 5 (Fr. 116 Wehrli): Ἡρακλείδης ὁ Ποντικὸς
νέφος μετάρσιον (sc. τὸν κομήτην εἶναι) ὑπὸ μεταρσίου φωτὸς καταυγαζό-
μενον. ὁμοίως δ᾽ αἰτιολογεῖ πωγωνίαν ἅλω δοκίδα κίονα καὶ τὰ συγγενῆ
τούτοις, καθάπερ ἀμέλει πάντες οἱ Περιπατητικοί, παρὰ τοὺς
τοῦ νέφους ταυτὶ γίνεσθαι σχηματισμούς; Straton nach Aet. a.a.O. III
2, 4 (Fr. 86 Wehrli): Στράτων ἄστρου φῶς περιληφθὲν νέφει πυκνῷ
(sc. τὸν κομήτην εἶναι), καθάπερ ἐπὶ τῶν λαμπτήρων γίνεται.

Ich glaube daher, dass die vierte von Calcidius aufgezählte
Bedeutung von *caelum* ausschliesslich die Region zwischen Mond
und Erde andeutet (es sei denn, man wolle annehmen, dass mit
der näheren Beschreibung *in qua regione . . . infra lunae globum*
nur das in der vierten Bedeutung Hinzukommende, nicht das
dadurch angedeutete Ganze gemeint ist, was sich aber aus dem
Text nicht herauslesen lässt). Dann ist aber diese vierte Bedeutung
doch wohl als ein späterer Zusatz zu der von Aristoteles gegebenen
Aufzählung der Bedeutungen von οὐρανός zu betrachten, der indessen mit der peripatetischen Lehre im Einklang ist.

Auf Grund dieser Erwägung ist also der Gedanke an eine aufsteigende Reihe in der Aufzählung der Bedeutungen aufzugeben
(wie es denn auch bei weiterer Überlegung nicht wahrscheinlich ist,
dass bei 2), der *aplanes sphaera*, 1), der Umkreis des Weltalls, mit-
gerechnet wird). Vielmehr sind 3) und 4) komplementäre Grössen,
wie das auch in den Worten *omne hoc quod a lunari globo surgit* und
cetera quae apparent infra lunae globum zum Ausdruck kommt.
Unklar bleibt nur, was unter 3) zu verstehen ist. Nach dem Wortlaut müssen die Worte *omne . . . surgit* die Planeten und die Fixsternsphäre andeuten, es besteht aber auch die Möglichkeit, dass der
Ausdruck, genau wie 4) *quidquid supra nos est*, zu umfassend ist und,
ebenso wie die zweite von Aristoteles erwähnte Bedeutung, nur die
Planeten andeuten soll.

Die fünfte Bedeutung des Calcidius (*caelum = mundus omnis*)
finden wir bei Aristoteles wieder: ἔτι δ᾽ ἄλλως λέγομεν οὐρανὸν τὸ
περιεχόμενον σῶμα ὑπὸ τῆς ἐσχάτης περιφορᾶς· τὸ γὰρ ὅλον καὶ τὸ
πᾶν εἰώθαμεν λέγειν οὐρανόν. Diese Bedeutung findet sich auch
weiter recht oft. Vor allem ist auf Tim. 28 b 2-3 hinzuweisen
(ὁ δὴ πᾶς οὐρανὸς ἢ κόσμος ἢ καὶ ἄλλο ὅτι ποτὲ ὀνομαζόμενος μάλιστ᾽ ἂν

δέχοιτο¹)), weiter auf Polit. 269 d 7 : ὃν δὲ οὐρανὸν καὶ κόσμον ἐπωνο-
μάκαμεν und Epinom. 977 b 1-3 : θεωρίαν ὀρθὴν τὴν τοῦδε, εἴτε κόσμον
εἴτε ὄλυμπον εἴτε οὐρανὸν ἐν ἡδονῇ τῳ λέγειν. Aus späterer Zeit lässt
sich eine Fülle von Belegen anführen; ich weise nur darauf hin,
dass Proklos in Tim. 83 d ff. (I, S. 272, 7-274, 32) dem Gegenstand
eine ausführliche Besprechung widmet, die darauf hinausläuft, dass
die Benennung ὃ τί ποτε (28 b 3) die ἑνότης andeutet, und τὸ
ἄρρητον ὄνομα τῆς τοῦ παντὸς ἐν τῷ πατρὶ μονῆς ist, während
κόσμος die πρόοδος des Weltalls, οὐρανός seine ἐπιστροφή andeutet;
vgl. auch Galenos, Compend. Tim. Plat. Kap. 1, 3-4.

Es ist indessen alles andere als wahrscheinlich, dass Calcidius,
der ja mit der vierten von ihm erwähnten Bedeutung einen Zusatz
zu der aristotelischen Aufzählung bringt, der deutlich aus dem
Peripatos stammt, hier eine andere als eine peripatetische Vorlage
benutzt haben sollte. Wir kommen somit zu der, auch in der Ausgabe vertretenen, Ansicht, dass für Kap. 98 Adrastos der Gewährsmann des Calcidius gewesen sein muss. Adrastos mag aus Anlass
von Tim. 28 b 2-3 über die Bedeutungen von οὐρανός gesprochen
und dort die von Aristoteles in De caelo gegebene Aufzählung er-
gänzt haben.

In Kap. 99 fängt dann die Erklärung²) des zweiten Teils der
am Anfang von Kap. 98 angeführten Stelle (36 e 2-5) an — den
ersten Satz des Zitats (36 d 8-e 1)³) kommentiert Calcidius nicht.
Er gibt zunächst eine etwas freiere Wiedergabe von 36 e 2-3:
*Animam ergo mundi dicit orsam ex medietate usque ad extremitatem
mundani corporis et inde usque ad aliam extremitatem circumfusam
omni globo corporis operuisse uniuersum eius ambitum.* Hierzu ist
Verschiedenes zu bemerken. In der Übersetzung hatte Calcidius
die Worte Platons ἡ δ' ἐκ μέσου πρὸς τὸν ἔσχατον οὐρανὸν πάντῃ
διαπλακεῖσα κύκλῳ τε αὐτὸν ἔξωθεν περικαλύψασα wiedergegeben durch
*ast illa complectens caeli ultima circumfusaque eidem exteriore
complexu operiensque ambitu suo.* Er hat dort also ἐκ μέσου unüber-
setzt gelassen und weiter die Worte πάντῃ διαπλακεῖσα offenbar nicht
verstanden, denn die Übersetzung zeigt in keiner Weise, dass es

---

¹) Vgl. dazu die gehaltvolle Anmerkung Taylors, a.a.O., S. 65-66.
²) Das *ergo* (S. 151, 3) gibt den Anfang der Erklärung an; ebenso Kap. 106
(S. 155, 5) und öfters.
³) In der Übersetzung des Satzes ist auffällig die (allerdings sinngemässe)
Wiedergabe von ἡ τῆς ψυχῆς σύστασις durch *cuncta rationabilis
animae substantia* (S. 29,1).

sich in diesen Worten um die Beseelung des Weltkörpers von innen
her handelt: das *complectens*, das wohl durch die Gleichsetzung
πλέκω — *plecto* veranlasst sein mag, aber dem διαπλακεῖσα in keiner
Weise entspricht, zieht diesen Satzteil zum folgenden hinüber, in
dem es sich um die Umkreisung des Körpers des Weltalls durch die
Weltseele handelt — möglicherweise hat Calcidius angenommen,
dass die Worte πάντη διαπλακεῖσα nur zu πρὸς τὸν ἔσχατον οὐρανόν,
nicht auch zu ἐκ μέσου[1]), gehören, und sich somit auf etwas ,,Periphe-
risches'' beziehen. Es ist beachtenswert, dass auch Ciceros Übersetzung hier das διαπλακεῖσα unberücksichtigt lässt: *sic animus a
medio profectus extremitatem caeli a suprema regione rotundo ambitu
circumiecit.* Die mehr paraphrasierende Wiedergabe in Kap. 99
ist insoweit vollständiger, als hier die Worte ἐκ μέσου übersetzt sind.
Bemerkenswert ist die Übertragung von πρὸς τὸν ἔσχατον οὐρανόν,
wofür die Übersetzung *caeli ultima* hatte, durch *usque ad extremitatem mundani corporis.* Hier wirkt der letzte Satz von Kap. 98 nach
(*caelum quoque usurpantes mundum omnem uocamus*), und dadurch
wird auch hinterher der Sinn des Exkurses über die Bedeutungen
von *caelum* klar: die an letzter Stelle genannte Bedeutung ergibt
die Möglichkeit, nach Anlass des οὐρανόν im Platontext über den
Körper des Weltalls zu sprechen. Weiter ist zu beachten die Hinzufügung der Worte *et inde usque ad aliam extremitatem*, die den
Gedanken der Umkreisung des Weltkörpers unterstreichen;
vielleicht sind sie durch Calcidius' Deutung von πάντη διαπλακεῖσα
mitveranlasst (vgl. das soeben dazu Bemerkte), daneben aber sicher
durch das ἔξωθεν. Der zweite Teil des Satzes weicht ebenfalls
von der Übersetzung ab, in der die Worte κύκλῳ τε αὐτὸν ἔξωθεν
περικαλύψασα wiedergegeben sind durch *circumfusaque eidem
exteriore complexu operiensque ambitu suo.* Das *eidem* wird hier,
auf Grund der Ablösung von *caelum* durch *mundanum corpus*, ersetzt durch *omni globo corporis*, und *eius ambitum* statt *ambitu suo*
richtet ebenfalls die Aufmerksamkeit auf den Körper des Weltalls.
Hieraus wird nun der folgende Schluss gezogen: *ex quo apparet a
uitalibus mundi per extimas partes complexum esse circumdatum, hoc
est ut intra atque extra uitali uigore foueatur.* Darin ist *a uitalibus
mundi* [2]) die Erklärung von *ex medietate* und entsprechen die *extimae*

---

[1]) Vgl. z.B. Cornfords Übersetzung, a.a.O., S. 93: ,,And the soul being
everywhere inwoven from the centre to the outermost heaven.''
[2]) *Vitalia* sind die *membra uitalia*, vgl. Kap. 100 (S. 151, 14-15): *membrorum uitalium in quibus pontificium uiuendi situm est ideoque uitalia*

partes den beiden im vorigen Satz genannten *extremitates mundani corporis.* Merkwürdig ist indessen, dass nach *a uitalibus mundi* sofort folgt *per extimas partes complexum esse circumdatum,* während doch die weitere Erklärung zeigt, dass es sich um eine Durchdringung mit *uitalis uigor* sowohl von innen als von der Peripherie her (*intra atque extra*) handeln muss — in vollständiger Form würde der Satz ungefähr wie folgt lauten müssen: *ex quo apparet animam a uitalibus mundi infusam esse mundano corpori* [1]) *et per extimas partes mundi complexum animae ei esse circumdatum* [2]). Die Ursache der Unklarheit schaffenden Kürzung liegt deutlich darin, dass Calcidius nicht verstanden hat, dass die Worte πάντῃ διαπλακεῖσα

---

nuncupantur. In Kap. 37 (S. 86, 10-11) werden sie aufgezählt: *Vitalia quoque paris numeri* (nl. *septem*), *lingua pulmo cor lien hepar duo renes;* gleichartig Kap. 220 (S. 233, 24-234, 1): *a pulmone ... utroque et uitalibus ceteris;* Kap. 224 (S. 239, 11): *cetera ex uitalibus* (nl. *praeter cor*). Wie hier Kap. 72 (S. 119, 16-17; Ansicht von *quidam ex Pythagoreis*): *scilicet ut inter planetas sol medius locatus cordis, immo uitalium omnium praestantiam obtinere intellegatur;* Kap. 100 (S. 151, 16): *a regione uitalium, id est sole;* ebd. (S. 152, 2): *uitalia mundi totius.* Vgl. auch z.B. Isidor. Etymol. XI 1, 116: *item uiscera uitalia, id est circumfusa cordis* (l. *cordi?*) *loca, quasi uiscora, eo quod ibi uita, id est anima, continetur.* Diese Bedeutung wohl zuerst bei Lucan (VII 620 und IX 743, beide Male nach *uiscera*); anders noch in derselben Zeit Seneca De ira II 1, 2.

[1]) Diese Ergänzung auf Grund der Formulierung im nächsten Kapitel (S. 151, 15-17): *Non ergo a medietate corporis, quae terra est, sed a regione uitalium, id est sole, animae uigorem infusum esse mundano corpori.*

[2]) M. E. bedeuten die Worte *complexum esse circumdatum:* ,,dass eine Umkreisung (sc. durch die Seele) herumgelegt worden ist (sc. um das Weltall)", nicht, ,,dass die Peripherie (des Weltalls) umgeben worden ist (durch die Seele)"; denn davon abgesehen, dass für *complexus* die Bedeutung ,,Peripherie" zweifelhaft ist, spricht der Wortlaut der Übersetzung dafür, dass dieses Wort sich auf die den Kosmos umgebende Seele bezieht: *ast illa complectens caeli ultima circumfusaque eidem exteriore complexu.* Die Stelle ist zu verbinden mit 34 b 3-5: ψυχὴν δὲ εἰς τὸ μέσον αὐτοῦ θεὶς διὰ παντός τε ἔτεινεν καὶ ἔτι ἔξωθεν τὸ σῶμα αὐτῇ περιεκάλυψεν, von Calcidius übersetzt (S. 26, 17-19): *Animam uero in medietate eius locauit eandemque per omnem globum aequaliter porrigi iussit* (vgl. dazu Kap. 100 Anf.: *quod a meditullio porrecta anima esse dicitur*), *quo tectis interioribus partibus extima quoque totius corporis ambitu animae circumdarentur.* Calcidius hat diese Stelle im Kommentar nicht erklärt: in Kap. 24 bespricht er 32 c 6-8, in Kap. 25 bezieht er sich nicht direkt auf den Wortlaut des Platontextes, in Kap. 26 erklärt er 34 c 3. Zu 34 b 3-5 vgl. besonders Cornford, a.a.O., S. 58. — In der, wie öfters, einer Paraphrase gleichkommenden Erörterung der beiden Stellen 34 b 3-5 und 36 e 2-3 durch Albinos, Epitome 14, 4, wird die Beseelung von aussen her ebenfalls stärker betont als die von innen her; in diesem Fall ist das aber dadurch mitveranlasst, dass am Ende auf Grund von 36 c 7-8 κράτος δ' ἔδωκεν τῇ ταὐτοῦ καὶ ὁμοίου περιφορᾷ die Überlegenheit von τὰ ἐκτός über τὰ ἐντός besonders hervorgehoben wird.

die Beseelung des Weltkörpers von innen her andeuten. Dagegen wird diese innere Beseelung im nächsten Satz deutlich erwähnt: *neque enim* — der Satz dient der Erklärung des Terminus *uitali uigore* — *uniuersum corpus alterius corporis, quod nullum supererat* (dies nach 32 c 6-8, von Calcidius in Kap. 24 kommentiert), *auxilio complexuque indigebat, sed incorporeae naturae* (sc. der Weltseele) *uiribus totus uitali complebatur substantia.*

Steinheimer, a.a.O., S. 38, ist nun der Meinung, dass das Kapitel auf Porphyrios zurückzuführen ist. Er geht davon aus, dass *a uitalibus mundi* nicht eine örtliche Bestimmung sein kann, und schliesst aus den eben angeführten Worten *incorporeae naturae . . . uiribus*: „Die unkörperliche Natur der Weltseele lässt also keine räumliche Verteilung zu. Auffallend erscheint vor allem der mit dem Begriff der Mitte verbundene Begriff des Lebens." Hierauf fährt er fort: „Nun berichtet Procl. in Tim. 227 D (II p. 282, 15 f.): ,,Ὁ μὲν Πορφύριος τὸ μέσον ἀντὶ τοῦ φυτικοῦ τῆς ψυχῆς ἀκούσας πειρᾶται συναρμόζειν αὐτὸ τῷ μέσῳ τοῦ παντός, καίτοι φυτικὸν ἐνταῦθα μηδαμοῦ τοῦ Πλάτωνος μηδ' ἄχρις ὀνόματος προσλαβόντος". Porphyr hat also die Mitte des Alls mit dem Sitz des Lebens identifiziert genau wie oben Chalcidius".

Hierzu ist vor allem zu bemerken, dass, wie aus den in S. 58, Anm. 2 angeführten Stellen hervorgeht, *uitalia mundi* bei Calcidius dasselbe bedeutet wie *membra uitalia (uiscera) mundi*, und somit ganz sicher einen örtlichen Begriff andeutet; darum können diese Worte unmöglich mit der von Porphyrios vorgeschlagenen Interpretation der „Mitte des Weltalls" [1]) verbunden werden. Obwohl diese

---

[1]) Weiteres dazu an der bekannten Proklosstelle 171 c-d (II, S. 104, 17 ff.), wo es sich um die Erklärung von 34 b 3 ψυχὴν δὲ εἰς τὸ μέσον αὐτοῦ θείς handelt. Es geht daraus hervor, dass Porphyrios an dieser früheren Stelle unter τὸ μέσον die Mittelstellung der Weltseele in ihrer Ganzheit verstand: ὁ μὲν Πορφύριος ψυχὴν εἶναι λαβὼν ταύτην τὴν τοῦδε τοῦ παντὸς τὸ μέσον κατὰ τὴν οὐσίαν ἐξηγεῖται τὴν ψυχικήν· μέση γάρ ἐστι τῶν τε νοητῶν καὶ τῶν αἰσθητῶν. Dagegen bezog er in der Erklärung von 36 e 1 καὶ μέσον μέση συναγαγὼν προσήρμοττεν (vgl. die Anführung der Stelle oben im Text) das μέσον besonders auf das φυτικόν der Seele. Das μέση im Platontexte interpretierte er offenbar als „die Seele, die die Mittelstellung einnimmt", nicht als „die Mitte der Weltseele"; das geht sowohl aus der eben angeführten Proklosstelle hervor wie aus dem diesem Bericht unmittelbar folgenden Protest des Proklos (S. 282, 18-23): εἰ δέ γε συμφυέστερον ἐθέλοιμεν ἐξηγεῖσθαι τὴν λέξιν ταύτην (nl. 36 e 1), ἐκεῖνο ῥητέον, ὅτι τὸ τοῦ κόσμου μέσον ἐνετίθει τῇ ψυχῇ μέσην ἐχούσῃ τάξιν τοῦ τε νοῦ καὶ τοῦ σώματος, καὶ οὐχ ἁπλῶς ἐν αὐτῇ, ἀλλ' ἐν τῷ μεσαιτάτῳ τῆς ψυχῆς· τοῦτο γὰρ 'τὸ μέση αὐτῇ τὸ μέσον συναγαγεῖν'. Einigermassen unklar bleibt, wie Porphyrios den ganzen Satz καὶ μέσον μέση συναγαγὼν προσήρμοττεν interpretiert hat. Steinheimer, a.a.O., weist mit Recht darauf hin,

Beobachtung schon ausreicht um die Deutung Steinheimers zu verwerfen, darf noch hinzugefügt werden, dass man im Falle des Calcidius nicht ohne weiteres von ,,der unkörperlichen Natur der Weltseele'' reden darf, da dieser ja, wie oben (S. 10 ff.) ausführlich dargetan wurde, nach dem Vorbild des Adrastos die Weltseele von der unkörperlichen Eins bis zu den dreidimensionalen Grössen ,,fortschreiten'' liess. Und was die Ausdrücke *uitalis uigor* und *uitalis substantia* betrifft, so besteht keine Veranlassung, sie mit Steinheimer, a.a.O., S. 38, zu dem in dem angegebenen Zusammenhang von Porphyrios erwähnten φυτικόν der Weltseele in Beziehung zu setzen. Es muss allerdings zugegeben werden, dass die Ausdrücke *uitalis uigor* und *uigor animae* an zwei Stellen aus Kap. 33: *corpus animalium, quod inspiratur animae uigore* und *Quae* (sc. *anima mundi*) . . . *cum uitali uigore penetratura erat tam superficiem quam soliditatem* Zutaten des Calcidius zu seiner Übersetzung des Adrastos-textes sein mögen (Adrastos spricht ja nur von einer Durch-dringung ohne weiteres, s. oben S. 11 ff.; ich hoffe auf diese Frage in einer folgenden Abhandlung zurückzukommen). Aber abgesehen von diesen Worten (die Calcidius auch *suo Marte* hinzugefügt haben mag, weil sie ihm aus einem anderen Zusammenhang ver-traut geworden waren) steht in Kap. 99 nichts was sich von der Timaioserklärung des Adrastos, wie wir sie im Vorhergehenden kennen lernten, unterscheidet, sodass es ebenso wie Kap. 98 auf den Peripatetiker zurückzuführen sein wird.

Von diesem Zusammenhang aus ist nun auch das Kapitel 100 zu verstehen, in dem auf die Worte *orsam ex medietate* von Kap. 99 zurückgekommen wird (*Illud uero, quod a meditullio porrecta anima*

---

dass der Einfluss der Porphyrios sicher vorliegt bei Nemesios De nat. hom. 2, S. 113 Matth.: λέγει γοῦν, τὴν μὲν τοῦ παντὸς διατετάσθαι ψυχὴν ἀπὸ τοῦ κέντρου τῆς γῆς ἐπὶ τὰ πέρατα τοῦ οὐρανοῦ· οὐ τοπικῶς αὐτὴν διατετάσθαι φάσκων, ἀλλὰ νοητῶς· ταύτην δὲ τὴν ψυχὴν εἶναι, τὴν περιάγουσαν σφαιροειδῶς τὸ πᾶν, καὶ συνέχουσαν καὶ συσφίγγουσαν τὸ σωματοειδὲς τοῦ κόσμου. Gleichartig H. Krause, *Studia Neoplatonica* (Diss. Leipzig 1904), S. 18 (der ebd., S. 28, richtig bemerkt, dass Nemesios ,,tamen ipse τοπικῶς rem explicat.''). Dörrie, *Porphyrios' ,,Symmikta Zetemata''*, S. 144, nimmt an, dass die Porphyrios-benutzung bei Nemesios S. 113, 5 Matth. aufhört (also nach τὰ πέρατα τοῦ οὐρανοῦ), und zwar zunächst auf Grund einer grammatischen Beobachtung, nämlich dass vor 113, 5 ,,alle Verben, zuletzt λέγει 113, 5 (l. 113, 3), in singularischer Form sich auf Platon als Subjekt beziehen'', worauf dann ,,eine längere Partie in Infinitiv-Konstruktionen'' folge. Es ist aber zu bemerken, dass das nach τοῦ οὐρανοῦ Folgende durch das Partizip φάσκων mit dem λέγει verbunden bleibt; übrigens erklärt Dörrie ebd., S. 145, dass das οὐ τοπικῶς . . . ἀλλὰ νοητῶς noch von Porphyrios herrührt.

esse dicitur), und zwar durch ein Referat der Ansicht von nicht näher bestimmten *quidam*, wonach die Weltseele *non tamquam a medietate totius corporis facta dimensione porrecta sit, sed ex ea parte membrorum uitalium in quibus pontificium uiuendi situm est ideoque* [1]) *uitalia nuncupantur*. Nach dieser Ansicht ist die Seele in den Weltkörper "eingegossen" worden (*infusum*), und zwar nicht vom örtlichen Mittelpunkt des Weltkörpers, d.h. von der Erde aus, sondern *a regione uitalium*, also von der Sonne aus, denn die Erde ist ja unbeweglich, die Sonne dagegen immer in Bewegung. So ist auch *uteri medietas immobilis, cordis semper in motu*, das heisst, wenn wir die sichtlich von Calcidius gekürzte Formulierung seiner Vorlage mit Hilfe der gleich zu besprechenden Parallelstelle aus Theon ergänzen: bei den ζῷα ist der örtliche Mittelpunkt des Körpers, der Bauch, unbewegt, dagegen der „vitale" Mittelpunkt, das Herz, immer in Bewegung; als Beweis für die letztgenannte Behauptung wird angeführt, dass bei frischgetöteten Tieren das Herz noch einige Zeit in Bewegung bleibt; daraus ziehen diese Anonymi den Schluss *solem cordis obtinere rationem et uitalia mundi totius in hoc igni posita esse*.

Wie schon Switalski, a.a.O., S. 28, bemerkt hat, handelt es sich hier um die Ansicht des Kleanthes [2]), der ja das ἡγεμονικόν [3]) der Weltseele in die Sonne verlegte nach Eusebios Praepar. Evang. XV 15, 7 (St. V. F. I, fr. 499): ἡγεμονικὸν δὲ τοῦ κόσμου Κλεάνθει μὲν ἤρεσε τὸν ἥλιον εἶναι διὰ τὸ μέγιστον τῶν ἄστρων ὑπάρχειν καὶ πλεῖστα συμβάλλεσθαι πρὸς τὴν τῶν ὅλων διοίκησιν, ἡμέραν καὶ ἐνιαυτὸν ποιοῦντα καὶ τὰς ἄλλας ὥρας. Es findet sich nun eine fast gleichlautende Ausführung bei Theon S. 187, 13-188, 7, die ich hier nicht in ihrem ganzen Umfang zu zitieren brauche, da ich sie in der Ausgabe in der Anmerkung z.St. angeführt habe. Switalski, a.a.O., S. 70, und Borghorst, a.a.O., S. 36, führen wegen dieser Übereinstimmung das vorliegende Kapitel ohne weitere Begründung auf Adrastos zurück [4]). Steinheimer, a.a.O., S. 39, weist zunächst richtig darauf

---

[1]) Man beachte den Gräzismus (statt *in quibus ... quaeque ideo*).

[2]) Unrichtig ist dagegen Switalskis Bemerkung, dass Calcidius hier dem Kleanthes folgt.

[3]) Τὸ ἡγεμονικόν wird hier durch Calcidius mit *pontificium uiuendi* wiedergegeben. Das Wort wird auch von ihm gebraucht in der in einem gehobenen Ton gehaltenen Ausführung in Kap. 26 (S. 77, 8): *effecti operis pontificium et auctoritatem* („Urheberschaft"). Für weitere „feierliche" Übersetzungen von ἡγεμονικόν vgl. meine Anm. zu Tertull. De anima 15, 3 in meiner Ausgabe (Amsterdam 1947), S. 225.

[4]) Switalski sagt nur: „Das c. 100 finden wir bei Theo mit fast denselben

hin, dass Switalski (vlg. S. 62, Anm. 2) zu Unrecht behauptet, dass
Calcidius dem Kleanthes folge, da jener nur ein Referat gibt ohne
zu sagen, dass er der referierten Ansicht beitritt [1]). Merkwürdiger-
weise lässt er die Theonstelle, die doch ebenfalls von Switalski
angeführt wird, ganz ausser Betracht, und sagt: ,,Bemerkenswert
ist es, dass Chalcidius auch hier den Ausdruck vitalia und die
Weltseele hereinzieht, während doch diese Begriffe in keiner der
Stellen auch nur angedeutet sind, welche diese Lehre des Kleanthes
enthalten (vgl. Zeller III a⁴ p. 140, Anm. 1). Dies dürfte darauf
hinweisen, dass Chalcidius auch diese Mitteilung dem entnahm,
der den Begriff des φυτικόν einführte, Porphyr.'' Demgegenüber ist
zu bemerken, dass die Weltseele in der Theonstelle fortwährend
erwähnt wird, und dass, wie schon oben besprochen wurde, der
Gebrauch des Wortes *uitalia* kein Argument für eine Herleitung
aus Porphyrios liefert. Wir können daher die Hypothese Steinheimers als erledigt betrachten.

Andererseits scheint es mir angebracht zu sein, die Argumente
zugunsten der von Switalski und Borghorst allzukurz erörterten
Herleitung aus Adrastos, die ich an sich für richtig halte, einer
genaueren Betrachtung zu unterziehen. Zunächst darf festgestellt
werden, dass Theon in dem Teil seines Werkes, in dem sich die einschlägige Stelle befindet, praktisch ununterbrochen dem Adrastos
folgt [2]); wir dürfen also a priori annehmen, dass er auch diese Aus-

---

Worten wieder''; Borghorst schreibt: ,,Pg. 170, 7-19 (nl. in der wrobelschen
Ausgabe) enim, quod ad sensum, plane congruunt cum iis, quae ex Adrasto
deprompta legimus Theonis libri pg. 187, 13-188, 7.''

[1]) Unrichtig ist dagegen Steinheimers zweites Argument, nämlich dass
,,die Auffassung des Kleanthes sich mit dem in c. 99 vertretenen Standpunkt
schlechterdings nicht zusammenbringen'' lässt, weil Kleanthes die Mitte
örtlich nehme, Calcidius dagegen nicht (vgl. S. 58, Anm. 2).

[2]) Von dem Abschnitt Theon S. 178, 3-179, 1 entsprechen einzelne Sätze
buchstäblich Sätzen aus Calc. Kap. 84, woraus zu schliessen ist, dass Theon
den Adrastos abschreibt und Calcidius, wie öfters, gekürzt hat. Sicher dem
Adrastos entnommen ist dann wieder Theon S. 190, 1-191, 3 = Calc. Kap. 85.
Die auf die Sonne als Herz des Weltalls bezügliche Stelle steht also bei Theon
zwischen zwei sicher dem Adrastos entnommenen Abschnitten. In dem
dazwischen liegenden Abschnitt S. 179, 1-190, 1 handelt es sich um die
Sphären der Planeten; an Autoren werden nur Aristoteles, Eudoxos, Kallippos und Hipparchos genannt, die auch sonst in den sicher auf Adrastos zurückgehenden Teilen des Theontextes erwähnt werden. Es ist daher zu
vermuten, dass Theon hier fortwährend den Adrastos abschreibt, während
Calcidius die zum Teil besonders technischen — und für ihn wohl unverständ-
lichen — Ausführungen des Adrastos übergangen hat, wie er denn auch in
Kap. 59-91 mehrere Male Sätze, die besonders schwierige Ausführungen
enthielten, ausgelassen hat. Diese letztere Vermutung wird praktisch zur

führung dem Peripatetiker entnommen hat. Eine gewisse Schwierigkeit ergibt nun allerdings der Umstand, dass Theon die ganze
Ausführung über die Sonne als Herz des Weltalls in der direkten
Rede [1]), also als eine auch von ihm selbst vertretene Ansicht, vor-
trägt, während Calcidius, wie Steinheimer richtig hervorhob, nur
referiert. Indessen zwingt uns dieser Tatbestand nicht, eine mögliche
Divergenz zwischen Adrastos und Calcidius anzunehmen. Es ist
richtig, dass Calcidius dieser Ansicht nicht *disertis uerbis* beitritt,
aber es lässt sich ebensowenig sagen, dass er sie verwirft: in Wirklichkeit stimmt sie ausgezeichnet zu der in Kap. 99 gegebenen
Bezeichnung der *medietas mundi* als *uitalia mundi*. Die wahrscheinlichste Lösung ist m.E., dass Adrastos zunächst die Ansicht des
Kleanthes referiert hat, dass er ihr aber zugestimmt [2]) und sie
wohl auch mit einigen Zusätzen versehen hat (z.B. durch den Hinweis auf den Gegensatz zwischen dem Herzen und τὸ περὶ τὸν ὀμφα-
λόν). Sodann aber wird er diese Ansicht mit der Deutung des
Timaiostextes in Verbindung gebracht haben, was m.E. hervorgeht
aus dem letzten Satz bei Theon (S. 188, 3-7): ὡς κόσμου δὲ καὶ ἢ
κόσμος καὶ ζῷον τῆς ἐμψυχίας μέσον τὸ περὶ τὸν ἥλιον, οἱονεὶ καρδίαν
ὄντα τοῦ παντός, ὅθεν φέρουσιν αὐτοῦ καὶ τὴν ψυχὴν ἀρξαμένην διὰ
παντὸς ἥκειν τοῦ σώματος τεταμένην ἀπὸ τῶν περάτων. Hier bezieht
sich das Ende (ὅθεν ... περάτων) ganz deutlich auf die zur Erörterung stehende Timaiosstelle — man beachte nur die starke Übereinstimmung mit der am Ende von S. 59, Anm. 2 angeführten Stelle aus

---

Gewissheit erhoben durch die Tatsache, dass er in Kap. 84 (nach S. 135, 11
circumactione) gerade einen auf die von Eudoxos und Kallippos angenomme-
nen Planetensphären sich beziehenden Satzteil auslässt, der bei Theon (S. 178,
9-12) ganz in den Zusammenhang gehört, also sicher nicht als Zugabe Theons
zum Text des Adrastos zu betrachten ist (davon ganz abgesehen, dass der
Inhalt des Satzteils „rein peripatetisch" ist).

[1]) Vgl. besonders den Anfangssatz des Abschnitts (S. 187, 13-16):
ὑποπτεύσειε δ' ἄν τις καὶ τὴν ἀληθεστέραν θέσιν τε καὶ τάξιν εἶναι ταύτην, ἵνα τοῦ
κόσμου, ὡς κόσμου καὶ ζῴου, τῆς ἐμψυχίας ἢ τόπος οὗτος, ὡσανεὶ καρδίας τοῦ
παντὸς ὄντος τοῦ ἡλίου.

[2]) Auf jeden Fall muss Adrastos der peripatetischen Lehre gefolgt sein,
wonach die Sonne in der Reihe der Planeten die zweite Stelle einnahm (unrichtig dazu Mras, a.a.O., S. 32 mit Anm. 7). Auch ist zu bemerken, dass die
Aufzählung der Seelenteile bei Theon (S. 187, 22 ff.) rein peripatetisch ist:
καρδίαν ... πάσης ψυχικῆς δυνάμεως οὖσαν ἀρχήν, οἷον ψυχικῆς (θρεπτικῆς ver-
mutet Hiller mit Hinweis auf De an. B 3, 414 a 31) καὶ κατὰ τόπον ὁρμητικῆς,
ὀρεκτικῆς καὶ φανταστικῆς καὶ διανοητικῆς. Schliesslich ist noch darauf hinzuweisen, dass Adrastos eine besondere Schrift über die Sonne verfasst hat,
vgl. Achilles, Isagoga excerpta 19 (E. Maass, *Commentar. in Aratum reliquiae*,
S. 46, 29-31).

Albinos. Es scheint mir daher so zu sein, dass einerseits Theon das Referat der von Adrastos gebilligten Ansicht des Kleanthes in die direkte Rede umgesetzt, andererseits Calcidius den Charakter des Referats in seiner Übersetzung beibehalten hat, dass dann aber Theon die von Adrastos vorgenommene Anwendung dieser Ansicht auf die Timaiosstelle bewahrt hat, während Calcidius auch hier wieder seine Vorlage kürzte. Auf jeden Fall ist aber diese Vorlage in der Schrift des Adrastos zu suchen.

Eine Besprechung erfordert schliesslich noch das Kapitel 113, das sich innerhalb der laufenden Kommentierung des Platontextes zwischen rein „technischen" und, wie schon die Diagramme zu den Kapiteln 111, 112 und 116 zeigen, sicher auf Adrastos zurückzuführenden Kapiteln befindet. Es handelt sich hier um die Erklärung des Satzes — oder besser der zwei Nebensätze —, in denen Platon feststellt (38 e 3-6), dass die Planeten eine vernünftige Seele besitzen. Die von Calcidius gegebene Übersetzung (S. 31, 7-10; gleichlautend am Anfang von Kap. 113, nur ist das *que* nach *nexibus* fortgelassen) ist im zweiten Satzteil genau, enthält dagegen im ersten Teil einen schweren Fehler, nämlich *quae consequens erat tempore prouenire* für ὅσα ἔδει συναπεργάζεσθαι χρόνον — man hätte *quibus consequens erat tempus prouenire* erwarten müssen.

Calcidius fängt an mit der Erklärung des zweiten Nebensatzes (*nexibus uitalibus ubi constricta corpora facta sunt animalia imperatumque didicerunt*) und sagt: *Caelestia corpora constricta uitalibus nexibus, id est stellas animalia facta esse asserit et cognouisse quae a deo iubebantur.* Aus den Worten *imperatumque didicerunt* des Textes, die durch *cognouisse quae a deo iubebantur* paraphrasiert werden, leitet Calcidius (oder besser: seine Vorlage) ab, dass die *stellae* nicht nur *animalia* sind, sondern auch, weil zum *cognoscere* (das ja in dem *discere* beschlossen liegt) imstande, *animalia rationabilia*. Es wird nun das *corpora* des Textes, das in der Kommentierung sowohl durch *caelestia corpora* als durch *stellas* wiedergegeben wird, offenbar auf die Gesamtheit der Himmelskörper bezogen, also, um es in der Terminologie des Calcidius zu sagen, sowohl auf die *stellae errantes* als auf die *stellae ratae* — man beachte in diesem Zusammenhang die sehr nachdrückliche Übersetzung von 38 e 4 ἕκαστον durch *singulis uniuersisque* —, während Platon in dem zur Erörterung stehenden Satz, wie aus dem Vorhergehenden von 38 c 3 an erhellt, nur über die Planeten gesprochen hatte [1]). Aus

---

[1]) Vgl. dazu Cornford, a.a.O., S. 112, Anm. 1: „Here, as at *Laws* 898, it is

der nach der vorliegenden Deutung im Timaios mitgeteilten Tatsache, dass die gesammten Himmelskörper lebende Wesen mit
einer vernünftigen Seele sind, wird nun geschlossen, dass dies somit
auch auf die in dieser Gesamtheit enthaltenen Planeten zutrifft:
scilicet ut planetes quoque in globos proprios redacti (nach dem
Timaiostext: *apto et decenti sibi* (= *proprios*) *motu locatis*) *non
solum anima uitaque fruerentur, sed* — man würde nun als Fortsetzung erwarten: *etiam rationis participes essent*, aber Calcidius
schliesst unvermittelt eine auf das Weltall bezügliche Schlussfolgerung an: *cum isdem omnibus etiam mundus et anima uteretur
et rationis particeps esset*; in vollständiger Form hätte der Satz
lauten müssen: ... *sed etiam rationis participes essent, et ita cum
isdem omnibus etiam mundus* usw. Da Calcidius auch in Kap. 59-91,
wo wir den Text des Adrastos mit seiner Übersetzung vergleichen
können, gelegentlich Kürzungen anbringt, die dann öfters Unklar-
heiten zur Folge haben, wird auch hier die Kürzung ihm zuzuschreiben sein.

Während also Platon die Behauptung, dass jeder der Planeten
eine eigene vernünftige Seele hat, unvermittelt ausgesprochen hatte,
wird bei Calcidius ihre Vernünftigkeit abgeleitet aus der vorhergehenden Feststellung, dass „die Himmelskörper" vernunftbegabt
sind. Es ist nun beachtenswert, dass die in diesem Zusammenhang
allerdings auf der Hand liegende [1]) Einbeziehung der Fixsternsphäre
sich mehr als einmal in der Timaioserklärung des Proklos findet.
So bemerkt dieser aus Anlass von Platons Ausspruch über die
Planeten als die „Erschaffer der Zeit" (38 e 4-5) — der Stelle also,
die Calcidius durch seine soeben besprochene fehlerhafte Übersetzung unverständlich gemacht hatte — in 255 e - f (III, S. 55,
13 ff.): ἐπειδὴ δέ, ὥσπερ εἴπομεν, εἰς τὴν τοῦ δευτέρου χρόνου γένεσιν ...

---

clearly stated that every planet, like the other heavenly gods, is a living
creature with a body and an intelligent soul" (für die Hinzufügung „like the
other heavenly gods" gibt es in dem einschlägigen Satz des Timaios keine
Veranlassung, denn es handelt sich dort ausschliesslich um die Planeten).
Taylor, a.a.O., S. 202, bezweifelt zwar nicht, dass Platon hier nur über die
Planeten spricht, ist aber der Meinung, dass nicht gesagt wird, dass sie eine
vernünftige Seele haben: „It is nowhere said whether the planets have
ψυχαί of their own or are simply animated by the one cosmic ψυχή. Proclus
always insists on the former view, but we have no right to be too sure that
Timaeus had even asked himself the question." — Zu *stellae* als Bezeichnung
von sowohl Fixsternen als Planeten vgl. z.B. Kap. 94 (S. 147, 17): *tam ipsos
planetas quam ceteras stellas*; Kap. 95 (S. 148, 6).
    [1]) Vgl. Cornfords in der vorigen Anm. besprochene Hinzufügung.

ἡ περίοδος συντελεῖ τῶν πλανωμένων καὶ διαφερόντως ὁ ἡλιακὸς κύκλος, ταῦτα πρῶτον ὑπὸ τοῦ δημιουργοῦ γεγονέναι φησίν, ἥλιον καὶ σελήνην καὶ τοὺς πέντε πλανήτας, καίτοι καὶ τῶν ἀπλανῶν ἑκάστου πάντως κατά τι μέτρον χρονικὸν τὴν ἑαυτοῦ ποιουμένου περὶ τὸ κέντρον, ὃ ἔχει σφαιρικὸς ὤν, περίοδον, ἀλλ᾽ ἡμῖν οὐκ ὄντων ἐκείνων τῶν μέτρων γνωστῶν ὡς τῶν ἐν τοῖς πλανήταις, καθ᾽ ἃ ποιοῦνται τὰς περὶ τὸν λοξὸν περιόδους· οὐδὲ γὰρ ἐπὶ τούτων ἴσμεν τὰς περὶ τὰ οἰκεῖα κέντρα περιόδους αὐτῶν. Weiter stellt er in 260 b (III, S. 69, 28 ff.) die Frage, ob auch für die ἀπλανής eine Beseelung durch eine eigene Seele anzunehmen ist, wie das nach ihm ja für die Planeten feststeht (vgl. S. 65, Anm. 1), oder ob diese ihre Beseelung ausschliesslich von der Weltseele erhalten: ᾽Απορήσειε δ᾽ ἄν τις ἐπὶ τοῖς εἰρημένοις εἰκότως, ποῦ τὴν τῆς ἀπλανοῦς ψυχὴν ὑφίστησιν ὁ Πλάτων εὐλαβούμενος, μήποτε τὴν αὐτὴν <τοῦ> τε κόσμου καὶ τῆς ἀπλανοῦς ποιεῖ ψυχήν, ὥσπερ καὶ ὁ ᾽Αριστοτέλης ¹) ὕστερον· τὰς μὲν γὰρ τῶν πλανωμένων ἰδίας ἄστρων ἔχομεν διὰ τῶν προειρημένων περιφορῶν, καὶ μικρὸν δὲ προελθὼν ἐρεῖ περὶ αὐτῶν· ᾽δεσμοῖς τε ἐμψύχοις δεθέντα ζῷα ἐγεννήθη᾽. Die Vermutung scheint mir statthaft zu sein, dass schon vor Proklos in der Tradition der Timaioserklärung die Fixsternsphäre in die Erklärung von 38 b 6 ff. einbezogen wurde; auch fragt es sich, ob die nicht ganz deutliche Berücksichtigung des *mundus* am Ende des Kapitels nicht ein Echo enthält von Auseinandersetzungen im Spätplatonismus über die Frage, ob es neben der allgemeinen Weltseele noch eine besondere Seele der ἀπλανής gab.

Was nun die Herkunft dieses Kapitels betrifft, so kann man zunächst auf Grund der Tatsache, dass seine ganze Umgebung (Kap. 108-112 und 114-118) sich als deutlich adrasteisch erwiesen hat, und dass auch nach der Lehre des Peripatos die Gestirne als beseelte, vernünftige und göttliche Wesen galten, dazu hinneigen, es ebenfalls als aus Adrastos übersetzt zu betrachten. Demgegenüber ist aber zu erwägen, erstens, dass sich hier vielleicht ein Anklang an im Neuplatonismus übliche Auseinandersetzungen konstatieren lässt, zweitens, dass dem Timaioskommentar des Porphyrios entnommene Einlagen in die „technische" aus Adrastos übersetzte Erklärung sich im ersten Teil des Kommentars auch sonst vor-

---

¹) Diehl z.St.: „cf. de mund. 2.392ᵃ 9 ss?" An dieser Stelle (τῶν γε μὴν ἐμπεριεχομένων ἄστρων τὰ μὲν ἀπλανῆ τῷ σύμπαντι οὐρανῷ συμπεριστρέφεται) ist aber von Beseelung nicht die Rede. An De caelo B 2, 285 a 29 ὁ δ᾽ οὐρανὸς ἔμψυχος ist nicht zu denken, da dort οὐρανός, das allerdings mit ἀπλανής gleichbedeutend sein kann (vgl. oben S. 56 f.), deutlich = τὸ πᾶν ist.

finden. Wir müssen es also in diesem Fall bei einem *non liquet* bleiben lassen.

Unsere Untersuchung hat also bis jetzt zu dem Ergebnis geführt, dass im ersten Teil des calcidianischen Kommentars neben den mit völliger Sicherheit auf Adrastos zuruckzuführenden Kapiteln 44-46 und 59 (58)-91 die folgenden mit einer der Gewissheit nahekommenden Wahrscheinlichkeit dem Peripatetiker zugeschrieben werden dürfen: 8-19, 32-42 und 47-50, 92-100, 108-112 und 114-118 [1]). Dazu mögen vielleicht die Anfangskapitel 1-3 gestellt werden, während die Herkunft von Kapitel 113 sich mit unseren Mitteln nicht sicher bestimmen lässt.

Weiter führte die Analyse der Kapitel über Ewigkeit und Zeit (zweite Hälfte von Kap. 101 und Kap. 105-107) zu dem Schluss, dass hier die Timaioserklärung des Adrastos nicht die Vorlage gewesen sein kann; aus mehreren Gründen zeigte es sich als sehr wahrscheinlich, dass Calcidius hier den Timaioskommentar des Porphyrios herangezogen hat.

Da es sich nun im Laufe der Untersuchung (S. 43) herausstellte, dass die Ausführung über die Zeit in Kap. 106 völlig zu dem Inhalt von Kap. 25 stimmt, scheint es erwünscht, dieses Kapitel sowie die unlöslich damit verbundenen Kapitel 23 und 24 einer weiteren Betrachtung zu unterziehen. Im Anschluss daran werden wir die unmittelbar vorhergehenden Kapitel 20-22 besprechen.

---

[1]) Eine Abweichung von der knapperen Ausführung in der Praefatio der Ausgabe (S. XXXV-XXXVII) liegt also nur darin, dass es mir jetzt wahrscheinlicher vorkommt, dass die Kapitel 114-115 ebenfalls aus Adrastos stammen.

IV

DIE KAPITEL 20-25

Die Kapitel 23-25 bilden zusammen eine einheitliche Abhandlung
über die Frage wie die Welt, wenn sie sowohl körperlich wie erschaffen ist, dennoch ewig sein kann. Es werden drei Gründe angeführt: a) die Welt wurde von Gott erschaffen (Kap. 23); b) die
Welt ist *extra necessitatem incommodi positus* (Kap. 24); c) die Welt
ist das Abbild der intelligiblen Welt, die ewig ist (Kap. 25).

Switalski, der sich als erster mit der Frage der Herkunft dieser
Kapitel befasst hat, bemerkt zu Kap. 23 (a.a.O., S. 89): „Das
Kap. 23 bringt die aristotelische Auffassung von der Ewigkeit der
Welt, die sich wohl bei dem Peripatetiker Adrast finden konnte",
während er ebd., S. 15, Anm. 1, die Kapitel 24 und 25 als kaum über
Paraphrasierung des Platontextes hinausgehend kennzeichnet.
Demgegenüber wies Steinheimer, a.a.O., S. 6-7, bezüglich des erst-
genannten Kapitels mit Recht darauf hin, dass Aristoteles die Welt
als unerschaffen betrachtete, und dass Adrastos im allgemeinen als
konservativer Peripatetiker gilt [1]), sodass es als ausgeschlossen
betrachtet werden darf, dass Calcidius ihn hier herangezogen hat.
Aus verschiedenen Gründen befürwortet Steinheimer im zweiten
Kapitel seiner Dissertation (S. 3-11) die Herleitung des ganzen
Abschnitts aus Porphyrios. Selbst habe ich in der Praefatio der
Ausgabe, S. LXVI-LXVII, darauf hingewiesen, dass sich mehrere
der von Calcidius erwähnten Argumente schon im Mittelplatonismus
finden, und ebd, S. LXVI, Anm. 1, verschiedene der von Steinheimer angeführten Gründe bestritten. Ich habe daher den Schluss
gezogen „interpretationem Timaei Platonicis mediis usitatam hic
offendi", die Möglichkeit aber offen gelassen, dass Calcidius die
ganze Argumentation durch die Vermittlung des Timaioskommentars des Porphyrios kennengelernt hat [2]).

---

[1]) Vgl. dazu Zeller, a.a.O., III 1⁴, S. 810.

[2]) Unrichtig die Anm. zu S. 73, 5-76, 6: „cc. 23-25 ex Numenio desumpta
esse pro certo haberi potest." Die Möglichkeit, dass verschiedene der hier
angeführten Argumente bei Numenios, der sich ja eingehend mit Problemen
des Timaios befasst hat, zu finden waren, lässt sich nicht a priori leugnen,
es liegt aber kein Anlass vor, hier zunächst an ihn zu denken.

Es scheint mir nun aber möglich zu sein, die Herkunft dieser Beweisführung etwas positiver und genauer zu bestimmen, und zwar zunächst das schon zur Sprache gekommene Kapitel 25 (vgl. oben S. 43). Hier wird die Ewigkeit der Welt dadurch bewiesen, dass sie das Abbild der ewigen intelligiblen Welt ist: *Quid quod institutus est ad exemplum alterius intellegibilis et immutabilis perennitatis? Iam illud nemo dubitat, quae ad similitudinem instituuntur exempli sempiterni habere similitudinem perpetuitatis.* Es ist nun der von Steinheimer, S. 10, angeführten Mitteilung aus Philoponos De aetern. mundi VI 27 (S. 224, 18 ff. Rabe) mehr Wert beizulegen, wonach Proklos dieses Argument dem Porphyrios entnahm: ἅπερ δὲ ὁ Πρόκλος ... ἐκ τῶν Πορφυρίου πάλιν (!) μεταγραψάμενος τίθησιν ἐκ περιόδων δεικνύειν πειρώμενος, ὡς ἄναρχον εἶναι τὴν τοῦ κόσμου γένεσιν ὁ Πλάτων ᾤετο, διότι τε τὸ τοῦ κόσμου παράδειγμα αἰώνιον εἶναι λέγει καὶ διότι αἰτίαν εἶναί φησιν τῆς τοῦ κόσμου ὑπάρξεως τὴν τοῦ θεοῦ ἀγαθότητα. Da Proklos einerseits mit der Lehre verschiedener Mittelplatoniker wohl direkt bekannt war [1]), andererseits einen beträchtlichen Teil seiner Kenntnisse vom früheren Platonismus dem Porphyrios verdankte, dürfen wir annehmen, dass er dieses Argument kaum dem Porphyrios zugeschrieben hätte, wenn es im Platonismus schon früher regelmässig in diesem Zusammenhang angeführt worden wäre; es wird somit wohl wirklich dem Porphyrios gehören. Es folgt nun die Bemerkung, dass die *perpetuitas* zur Ewigkeit gehört, was dann zu dem Schluss führt, dass das Vorbild, d.h. der *mundus intellegibilis, per aeuum* besteht, die sinnlich wahrnehmbare Welt dagegen *per tempora*. Daran schliesst die Ausführung über den Unterschied zwischen Ewigkeit und Zeit, die, wie oben (S. 43) nachgewiesen wurde, mit der in Kap. 106 vertretenen Ansicht völlig übereinstimmt. Nun finden wir aber in jenem Kapitel eine Bestreitung der Meinung, dass der Zeit jede Existenz abzusprechen sei, und es zeigte sich weiter, dass dieselbe Ansicht sowohl von Plotin als von Proklos bestritten

---

[1]) Und zwar besonders Attikos, vielleicht auch Plutarchos. Dagegen scheint er den Numenios nur durch die Vermittlung des Porphyrios und Jamblichos zu kennen. — Vgl. zu der vorliegenden Philoponosstelle A. R. Sodano, *I frammenti dei commentari di Porfirio al Timeo di Platone nel De aeternitate mundi di Giovanni Filopono* (Rendic. dell'Accad. di Archeol., Lettere e Belle Arti di Napoli, 37 (1962), S. 97-125), S. 104-105. Sodano macht es ebd., S. 106, sehr wahrscheinlich, dass Philoponos sich auf das zweite Buch des Timaioskommentars des Porphyrios bezieht.

wurde [1]). Wir befinden uns somit in den beiden Kapiteln in der Sphäre des Neuplatonismus und in diesem Zusammenhang ist es nun bezeichnend, dass wir in Kap. 25 das Substantiv *mansio* in etwas ungewöhnlicher Weise [2]) gebraucht finden in den Worten (S. 76, 2) *aeui propria mansio*, nämlich als Übersetzung des im Neuplatonismus gebräuchlichen Terminus μονή. Plotin gebraucht das Wort zwei Mal: Enn. II 1, 1: τὸ δὲ κατ' εἶδος τὴν μονὴν („permanence spécifique" Bréhier) αὐτοῖς (der Sonne und den anderen Gestirnen) εἶναι und VI 8, 16, wo von der μονὴ ἐν αὐτῷ des Guten die Rede ist. Es ist nun aber bezeichnend, dass das Wort sich mehrere Male vorfindet in der Erörterung von Ewigkeit und Zeit in Porphyrios Sentent. 44: § 2: τῇ μὲν οὖν ταύτης (nl. ψυχῆς) κινήσει παρυφίσταται χρόνος, τῇ δὲ τοῦ νοῦ μονῇ τῇ ἐν ἑαυτῷ ὁ αἰών und § 3, wo es sich darum handelt, dass das κινούμενον sich in trügerischer Weise als αἰών darstellen kann, und das μένον als χρόνος ἑαυτοῦ. Am Ende der Besprechung dieses ψεῦδος heisst es: τοῦ ἑστῶτος ἐν ταυτότητι ἐνεργείας τὸν χρόνον τῇ ἑαυτοῦ μονῇ ἀπὸ (<τῇ> ἀπὸ Mommert, zu Unrecht, wie mir scheint) τῆς ἐνεργείας προσάπτοντος. Hier erininnert die Verbindung von μονή mit dem possessiven Genitiv deutlich an den Ausdruck des Calcidius *aeui propria mansio*. Da nun ausserdem, wie Steinheimer, S. 10, hervorhebt, Proklos 85 b (I, S. 277, 18 ff.) Ähnliches erörtert, und dabei (Z. 25) hinweist auf eine frühere Stelle (78 f, I, S. 257, 3 ff.; nicht 235, 28 ff., wie Diehl angibt), wo er den Porphyrios namentlich anführt, so scheint der Schluss unabweisbar zu sein, dass für das ganze Kapitel 25 der Timaioskommentar des Porphyrios die Vorlage war.

---

[1]) Es ist wahrscheinlich, dass erst der Neuplatonismus allmählich eine „Metaphysik der Zeit" ausgebildet hat, die es im mittleren Platonismus nicht gibt. Vgl. hierzu die Bemerkungen von C. Andresen, *Logos und Nomos. Die Polemik des Kelsos wider das Christentum* (Arbeiten zur Kirchengeschichte, 30. Berlin 1955), S. 288-289.

[2]) Das Wort findet sich bei Calcidius mit der gleichen Bedeutung in der Übersetzung, S. 30, 11: *aeui quippe mansio perpetua et immutabilis* (freie Übertragung von 38 a 3 τὸ δὲ ἀεὶ κατὰ ταὐτὰ ἔχον ἀκινήτως). Nach Ausweis des Thes. l. L., VIII: 323, 57 ff., findet es sich als Übersetzung von μονή weiter bei Marius Victorinus, Adu. Arium I 60, 24 Henry-Hadot (P.L. 8, 1086 a): *in mansione et in motu* und IV 24, 32-33 (P. L. 8, 1130 d): *ipsum manens uel mansio* (sc. *Unum est*), und bei Augustin In euang. Iohann. 42, 8: *aduentus eius* (sc. *uerbi dei*) *humanitas eius: mansio eius diuinitas eius*; sodann erst wieder bei Verecundus von Iunca und Gregor dem Grossen. Das Wort ist also wohl zuerst von Marius Victorinus, dem Übersetzer neuplatonischer Schriften, angewandt worden um den neuplatonischen Terminus μονή wiederzugeben.

Da nun aber die Kapitel 23-25 deutlich eine einheitliche Abhandlung ausmachen, ergibt die Tatsache, dass das letzte Kapitel
wohl sicher auf Porphyrios zurückgeht, ein wichtiges Präjudiz für
die Beantwortung der Frage nach der Herkunft der Kapitel 23
und 24.

Wenn ich auch die Argumente, die Steinheimer für die Herleitung
dieser Kapitel aus Porphyrios angeführt hat, keineswegs alle
unterschreiben kann [1]), so muss ich nach erneuter Nachprüfung
des einschlägigen Materials doch zugeben, dass die bei Calcidius
vorliegende Argumentation mehr in die Richtung des Neuplatonismus als des mittleren Platonismus weist. Betrachten wir zunächst
das Kapitel 24, wo aus Tim. 32 c 6-33 a 6 (angeführt wird am
Anfang des Kapitels nur 32 c 6-8) abgeleitet wird, dass die Welt
von keiner Gefahr bedroht wird und daher unvergänglich ist. Der
erste Satz spricht im Anschluss an 33 a 2-6 über das Fehlen von
Gefahren, die von aussen her kommen; da er kaum mehr ist als
eine Paraphrase des Platontextes, kann er für die nähere Bestimmung der Vorlage keine Dienste beweisen (ich habe schon in
der Ausgabe z.St. auf einen ganz ähnlichen Satz in dem Kompen-
dium des Timaios des Galenos, Kap. 3, 7 ff. Kraus-Walzer, hingewiesen). Dagegen lässt sich nicht leugnen, dass der zweite Teil des
Kapitels, in dem es sich um die Möglichkeit von von innen her
kommenden Gefahren handelt, den Einfluss des Neuplatonismus
verrät, wie Steinheimer, S. 9, ausgeführt hat. Zunächst ist zu
bemerken, dass weder im Timaiostext noch bei Albinos und in den
sonstigen Resten des Mittelplatonismus von solchen Gefahren die
Rede ist; dagegen findet sich dieselbe Zweiteilung des Gegenstandes
in dem gerade bei diesem Teil des Timaios von Porphyrios stark
abhängigen Kommentar des Proklos, wo die verschiedenen Arten
der φθορά aufgezählt werden (156 b, II, S. 55, 10 f.): παρὰ τὴν
ὕλην ἢ ἔνδοθεν ἀσυμμέτρως ἔχουσαν ἢ ἔξωθεν βίαν ὑπομείνασαν. In
diesem Zusammenhang ist es nun aber, wie Steinheimer ebd.
hervorhebt, in der Tat merkwürdig, dass sowohl Calcidius wie
Plotin (II 1, 3) als einzige Möglichkeit für einen vom Innern aus-
gehenden Untergang des Weltkörpers das beständige Fliessen
alles Körperlichen nennen, und sodann diese Möglichkeit verwerfen
aus dem Grunde, dass es ausserhalb des Weltkörpers nichts gibt,
und somit auch nichts vom Weltkörper irgendwoher fortfliessen

---

[1]) Vgl. die Praefatio der Ausgabe, S. LXVI, Anm. 1.

kann. Calcidius schliesst: *Ita quod secundum naturam corporis fluit, quo effluat non habet; influit ergo, non effluit,* während Plotin schreibt: Πῶς οὖν ἡ ὕλη καὶ τὸ σῶμα τοῦ παντὸς συνεργὸν ἂν εἴη πρὸς τὴν τοῦ κόσμου ἀθανασίαν ἀεὶ ῥέον; Ἢ ὅτι, φαῖμεν ἄν, ‹ῥεῖ ἐν αὐτῷ·› ῥεῖ γὰρ οὐκ ἔξω. Εἰ οὖν ἐν αὐτῷ καὶ οὐκ ἀπ' αὐτοῦ, μένον τὸ αὐτὸ οὔτ' ἂν αὔξοιτο οὔτε φθίνοι· οὐ τοίνυν οὐδὲ γηράσκει. Es ist somit sehr wahrscheinlich — an eine direkte Benutzung Plotins durch Calcidius ist ja nicht zu denken [1] —, dass Porphyrios dieses Argument aus den Enneaden (oder auch aus dem Schulbetrieb Plotins) in seine Kommentierung des Timaios übernommen hat.

Was schliesslich Kap. 23 betrifft, so halte ich allerdings die Bedenken, die ich in der Ausgabe, S. LXVI, Anm. 1, gegen zwei Argumente Steinheimers angeführt habe, aufrecht, gebe aber andererseits zu, dass sich auch hier einige unverkennbare Spuren neuplatonischer Lehre nachweisen lassen. Dabei ist die Vorstellung von der *origo causatiua, non temporaria* der Welt (S. 74, 19) nicht an erster Stelle zu nennen, da diese sich im Platonismus schon früher findet, wenn sie auch von Porphyrios besonders nachdrücklich vertreten wurde (vgl. dazu neuerdings die Ausführungen Sodanos in seiner S. 70, Anm. 1 zitierten Abhandlung). Bezeichnend dagegen ist die Betonung des Gedankens, dass die Ursachen der Werke Gottes älter sind als die Zeit (S. 74, 13-15: *causae igitur operum omnium dei tempore antiquiores, et sicut deus per aeuum, sic etiam causae per aeuum*), wofür aus dem Neuplatonismus verschiedene Parallelen angeführt werden können; Steinheimer zitiert Proklos 170 d (II, S. 102, 7 ff.): Ὁ μὲν θεὸς ἀθρόως πάντα καὶ διαιωνίως παράγει· κατ' αὐτὸ γὰρ τὸ εἶναι καὶ κατὰ τὴν αἰώνιον τῶν ὅλων νόησιν τὰ ἀφ' ἑαυτοῦ πάντα ἀπογεννᾷ (vgl. in diesem Zusammenhang auch Plotin III 7, 6, 52-54; dazu allerdings Henry-Schwyzer: „locus obscurus et incertus"). Ich möchte weiter noch hinweisen auf S. 74, 11-12: *eorum quae deus instituit fundamenta sunt causae, quae sunt perspicuae diuinae prouidentiae* („sichtbar für die göttliche Vorsehung"). Es handelt sich hier darum, dass, wie ich in der Anmerkung z. St. dargelegt habe, die *diuina prouidentia*, die nach Kap. 176 sowohl *dei mens* als *deus secundus* ist, die von dem höchsten Gott geschaffenen Ursachen erschaut und als Weltschöpfer nach ihnen die Welt erschafft. Hier liegt zugrunde die in den Kapiteln 176 und 188 dargelegte Lehre von den drei höchsten Wesen, die, wie

[1]) Vgl. dazu Praefatio, S. LXXXVIII-XC.

ich in einer folgenden Abhandlung weiter zu begründen hoffe,
verschiedene Gedanken des Numenios enthält, aber, wie mehrere
Übereinstimmungen mit einer von Porphyrios, wie es scheint,
vertretenen Sonderform der Lehre der chaldäischen Orakel [1])
zeigen, ihre bei Calcidius vorliegende Formulierung dem Neuplatoniker verdankt.

Ich komme also zu dem Schluss, dass die einheitliche Abhandlung,
die in den Kapiteln 23-25 vorliegt, aus dem Timaioskommentar
des Porphyrios stammen muss.

Anschliessend möchte ich das komplizierte Problem der Herkunft
der Kapitel 20-22 mit mehr Ausführlichkeit besprechen als es in
der Praefatio der Ausgabe (S. LXIV-LXVI) geschehen konnte.
Nach der ,,mathematischen'' Erklärung der Notwendigkeit, dass
es zwischen zwei στερεοειδῆ zwei μεσότητες gibt (Tim. 31 c 4-32 b 8),
die die Kapitel 8-19 umfasst, bemerkt Calcidius in Kap. 20, dass
man einwenden kann, dass zwar zwei *solida corpora* im allgemeinen
durch die Vermittlung von zwei *medietates* mit einander in Verbindung gebracht werden können, dass das aber im Falle der Erde
und des Feuers unmöglich ist, *quando iuxta ipsum Platonem ignis
quidem forma et figura pyramoides esse dicatur, id est in modum
pyramidis excrescat, terra uero cubus sit, hae porro formae nullam
ex se similitudinem mutuentur, quia non sint aequalibus angulis.*
Daraus wird am Ende des Kapitels folgender Schluss gezogen:
*impedietur hoc pacto continuatio, siquidem inter duo non quaelibet
sed quae similia sunt inuicem sibi solida corpora inseri debent.*

Dieser Einwand wird nun in Kap. 21 widerlegt durch die Bemerkung, dass Platon gesagt hat *similitudinem non solum in formis
et figuris sed etiam in potentiis et qualitatibus quaeri oportere,* was
durch die Anführung von 31 c 4-32 a 2 bestätigt wird. Das führt zu
dem Schluss: *Quare si inter ignem et terram nulla est in specie et
uelut in uultu similitudo, quaerenda erit in naturis ac qualitatibus
ipsorum elementorum iuxta quas faciunt aliquid aut patiuntur et in
his proprietatibus ex quibus utriusque elementi uis et germanitas
apprime designatur.* Das heisst also, dass in diesem Falle nicht eine
mathematische Erklärung gegeben werden muss, sondern eine,
die von den *naturae ac qualitates* der Elemente ausgeht, also eine
auf der Physik beruhende. Die nun folgende Beweisführung, die
sich noch an zwei anderen Stellen, nl. Proklos In Tim. 150 d ff.

---

[1]) Die Stelle aus Kap. 188 wurde schon in diesen Zusammenhang ein-
gereiht von W. Theiler; vgl. dazu S. 19, Anm. 1.

(II, S. 37, 14 ff.) und Nemesios De nat. hom. 5 (S. 163, 2-164, 12 Matth.), vorfindet, ist darauf basiert, dass jedem Element drei Eigenschaften zuerkannt werden, z.B. dem Feuer, um es mit den Worten des Calcidius zu sagen, *acumen, subtilitas* und *mobilitas*, und dass durch die Vermittlung der beiden *medietates* Luft und Wasser, wobei zwei benachbarte Elemente je zwei Eigenschaften miteinander gemein haben, ein allmählicher Übergang von den Eigenschaften des Feuers zu denen der Erde geschaffen wird. Krause, S. 39-40, und Steinheimer, S. 16-17, haben diese Beweisführung dem Porphyrios zugewiesen, wobei Krause sowohl an die Σύμμικτα ζητήματα als an den Timaioskommentar dachte, während für Steinheimer nur die letztere Möglichkeit in Frage kam. In der Praefatio, a.a.O., habe ich das Bestehen dieser Möglichkeit wegen der grossen Bedeutung, die die Timaioserklärung des Porphyrios bekanntlich sowohl für Proklos als für Nemesios hatte, anerkannt; daneben habe ich aber auf die Möglichkeit einer Vermittlung dieser Theorie durch Numenios hingewiesen, und zwar auf Grund der Bemerkung Steinheimers, dass, da Timaios nach Proklos 151 c (II, S. 39, 19 ff.) den Timaioskommentatoren als Begründer dieser Theorie galt, die Zuteilung von je drei Eigenschaften an ein Element ihren Ursprung im Kreise der Neupythagoreer haben muss; in diesem Zusammenhang liegt es ja auf der Hand, den zunächst als Neupythagoreer geltenden Numenios zu berücksichtigen.

Es ist nun aber vor allem notwendig, die Erörterung dieser Frage durch Proklos ausführlicher zu betrachten, und weiter zwei Abschnitte aus Philoponos und Macrobius in die Betrachtung einzubeziehen. Da ist zunächst zu bemerken, dass die bei Calcidius vorliegende Gegenüberstellung der mathematischen und der für diesen Fall als angebracht betrachteten „physischen" Interpretation sich sowohl bei Proklos als bei Philoponos findet. Proklos bemerkt in seiner Kommentierung von Tim. 32 b 1-3 nach einem Referat der mathematischen Erklärung, dass er jetzt untersuchen will, wie τὰ φυσικὰ διανοήματα zu der auf der Mathematik beruhenden Deutung stimmen, und weiter, was τὸ ἐπίπεδον τὸ φυσικόν ist, und warum man zwischen zwei Flächen eine μεσότης annehmen muss, dagegen zwischen zwei dreidimensionalen Körpern zwei (150 c, II, S. 36, 20 ff.). Darauf fährt er fort: ὁ μὲν θεῖος Ἰάμβλιχος — οὗτος γὰρ ὁ ἀνὴρ διαφερόντως ἀντελάβετο τῆς τοιαύτης θεωρίας, τῶν ἄλλων ὥσπερ καθευδόντων καὶ περὶ τὸ μαθηματικὸν καλινδουμένων μόνον — διακρίνειν μοι δοκεῖ τὰ ἁπλᾶ τῶν συνθέτων καὶ τὰ μέρη τῶν ὅλων καὶ

ἁπλῶς εἰπεῖν τὰς ἐνύλους δυνάμεις καὶ τὰ εἴδη τὰ ἔνυλα τῶν συμπληρου-
μένων ἀπ' αὐτῶν οὐσιῶν, καὶ τὰ μὲν ἐπίπεδα καλεῖν, τὰ δὲ στερεά. Nach
einer weiteren Ausführung über diese Begriffe fährt er fort (S. 37,
14 ff.): ἡμεῖς δὲ ἑπόμενοι ταῖς φυσικαῖς ἀρχαῖς οὑτωσὶ λέγωμεν, ἀφ' ὧν
ὁ Πλάτων παραδώσει προϊὼν τὰς ἀφορμὰς λαμβάνοντες. Er bemerkt
sodann, dass τῶν φυσικῶν τινες den Elementen je eine Eigenschaft
zuschreiben, welche Ansicht er widerlegt. Darauf erwähnt er die
Meinung von οἱ περὶ Ὄκκελον, τὸν τοῦ Τιμαίου πρόοδον (Lehrer), die
den Elementen je zwei Eigenschaften zuerkannten. Auch diese
Theorie wird bestritten, worauf dann die Meinung des Timaios
καὶ εἴ τις τούτῳ κατηκολούθησεν, wonach jedem Element drei Eigenschaften zuzuschreiben sind, als die richtige vorgetragen wird.

Ich beschränke mich im Augenblick zu der blossen Anführung
dieses Proklosabschnitts und wende mich jetzt dem Philoponos zu,
der in De aetern. mundi XIII 13 nach der Anführung von Tim. 31 b
1-32 c 8 (ὑπολιπών) zunächst eine kurze Paraphrase dieses Textes gibt
und sodann bemerkt (S. 514, 24 ff. R.): τὴν μὲν οὖν μαθηματικω-
τέραν τούτων ἐξήγησιν λεγέτωσαν ἕτεροι· ἡμεῖς δὲ τὴν φυσικωτέραν
ἐκτιθέμενοί φαμεν, ὡς, usw.; es folgt dann die von Proklos — gegen
den die Schrift des Philoponos ja gerichtet ist — verworfene Erklärung der zwei μεσότητες, wobei den Elementen je zwei Eigenschaften zugeschrieben werden. Hierzu ist nun zu bemerken, dass
Philoponos in De aeternitate mundi den Timaioskommentar des
Porphyrios bekanntlich weitgehend benutzt hat, wie er denn auch
nicht selten die Abhängigkeit des Proklos von dieser Schrift
hervorhebt [1]; es ist somit mit der Möglichkeit, und sogar mit der
Wahrscheinlichkeit, zu rechnen, dass er auch hier aus Porphyrios
schöpft.

Diese Wahrscheinlichkeit wird nun zur Gewissheit erhoben
durch den Umstand, dass Macrobius In somn. Scip. I 6, 24-34 eben-

---

[1] Vgl. dazu C. Praechter in der ausführlichen Besprechung von Diehls
Ausgabe des Timaioskommentars des Proklos, Gött. gel. Anz. 167 (1905),
S. 529, und Mras, S. 42. — In diesem Zusammenhang ist zu bemerken, dass
das Argument von R. M. Jones (Class. Philol. 13 (1918), S. 194-195) gegen
die Zuweisung der vorliegenden Theorie an Porphyrios (,,If it were the
property of any one of his predecessors in the neo-Platonic school, Proclus
would naturally indicate this, as he usually does'') nicht zutrifft: verschiedene
Male lehrt der Vergleich des Proklostextes mit Philoponos, dass Proklos den
(von Philoponos genannten) Namen des Porphyrios verschweigt; vgl. dazu
Praechter a.a.O. — Sodano hat sich in seiner S. 70, Anm. 1 zitierten Abhandlung nicht zu der vorliegenden Stelle geäussert, da er dort nur die Kapitel
des Philoponos bespricht, in denen der Name des Porphyrios genannt wird.

falls die *iugabilis competentia* [1]) der vier Elemente auf Grund der Zuweisung von je zwei Eigenschaften an ein Element nachweist, wobei er eine Übersetzung, oder besser eine Paraphrase, von Tim. 31 b 3-32 b 5 einschaltet, und dass diese ganze Ausführung, wie Mras, a.a.O., S. 12-14, dargetan hat, auf neuplatonische Timaioserklärung zurückgeht. Weiter findet sich eine gleiche Erörterung bei Nemesios De nat. hom. 5 (S. 151 ff. Matth.), mit deutlicher Bezugnahme auf den einschlägigen Abschnitt des Timaios (vgl.

---

[1]) Die Verbindung *iugabilis competentia* findet sich bei Macrobius a.a.O. I 6, 24.31 (in der Paraphrasierung von 32 b 5 ἀνὰ τὸν αὐτὸν λόγον). 33; II 2, 18. Calcidius benutzt in Kap. 17 (S. 68, 18-19) mit derselben Bedeutung das Adjektiv *coniugabilis*: *Utitur ergo nunc ratione ac remedio continui competentis propterea quod natura eius coniugabilis est* (sowohl *iugabilis* als *coniugabilis* ist ἅπαξ λεγόμενον). *Competentia* findet sich bei Calcidius in Kap. 19 (S. 71, 4): *analogiam siue competentiam* (in der Übersetzung, S. 24, 11, schreibt er dagegen für 31 c 3 ἀναλογία *modus et congrua mensura partium*). Mras, a.a.O., S. 14, spricht die Vermutung aus, dass Macrobius in seiner Vorlage die Verbindung ἀναλογία σύζυγος gefunden haben mag, fügt allerdings zu, dass σύζυγος sich bei Proklos zwar öfters findet, aber nicht mit ἀναλογία verbunden. Es kommt mir recht wahrscheinlich vor, dass dieser Ausdruck sich im Timaioskommentar des Porphyrios vorfand (den Mras als die Vorlage von Macrob. a.a.O. I 6 betrachtet, vgl. a.a.O., S. 52). Weiter betrachte ich es als keineswegs ausgeschlossen, dass Calcidius die Übersetzung von ἀναλογία durch *competentia* von Macrobius übernommen hat. Das Wort findet sich nach Ausweis des Thes. l. L. vor Macrobius nur zweimal, und dann mit anderer Bedeutung, bei Gellius I 1, 3 und XIV 1, 26. Zu der Möglichkeit, dass Calcidius die Schrift des Macrobius gekannt hat, vgl. die Praefatio der Ausgabe, S. XIV-XV; dazu ist es nicht nötig, mit P. Courcelle anzunehmen (*Nouveaux aspects du Platonisme chez saint Ambroise*, Rev. Ét. Lat. 34 (1956), S. 232-239; vgl. auch seine Besprechung der Ausgabe des Favonius Eulogius von R.-E. van Weddingen in derselben Zeitschrift, 36 (1958), S. 359-361), dass der Somniumkommentar des Macrobius von Ambrosius im Exameron benutzt worden ist, und somit vor 386 veröffentlicht sein muss (dagegen M. Fuhrmann, Philol. 107 (1963), S. 101-108). Jedenfalls hat Favonius Eulogius, der seinen Kommentar zu derselben Schrift zwischen 390 und 410 veröffentlicht hat (vgl. dazu van Weddingen a.a.O., S. 7) den Kommentar des Calcidius benutzt (vgl. F. Skutsch, *Zu Favonius Eulogius und Chalcidius*, Philologus 61 (1902), S. 196 ff.). Es ist somit anzunehmen, dass der Kommentar des Macrobius ein rezentes Buch war, als Calcidius seinen Kommentar verfasste (dass sich bei Macrobius keine Spur einer Benutzung des Calcidius zeigt, hob schon Mras in seiner hier öfters zitierten Abhandlung, S. 55, hervor) Ich werde demnächst die zeitliche Bestimmung des Calcidius andernorts ausführlicher erörtern; im Augenblick möchte ich nur hinzufügen, dass sich nicht mit G. Combès, *Saint Augustin et la culture classique* (Paris 1927), S. 14, und H.-I. Marrou, *Saint Augustin et la fin de la culture antique* (Paris 1938), S. 34 und 44, feststellen lässt, dass Augustin die Timaiosübersetzung des Calcidius gekannt hat, da die von diesen beiden Forschern angeführten Stellen entweder allgemein gehalten sind oder sich auf Ciceros Übersetzung beziehen.

Timaios (vgl. besonders S. 153, 9-11), und es ist, wie Krause a.a.O.
nachgewiesen hat, sehr wahrscheinlich, dass Nemesios im ersten
Teil dieses Kapitels den Porphyrios benutzt. Dann ist aber der
Schluss statthaft, dass der ganze bezügliche Abschnitt bei Philoponos mit Einschluss der Bemerkung über die ,,physische'' Erklärung
auf Porphyrios zurückgeht. Was diese Bemerkung betrifft, kann
man allerdings auf die Äusserung des Proklos über ,,die Anderen
(sc. als Jamblichos), die schliefen und sich nur mit der Mathematik
beschäftigten'' hinweisen. Demgegenüber kann aber sofort bemerkt
werden, dass die sowohl bei Philoponos als bei Macrobius vorliegende, und daher mit Sicherheit auf Porphyrios zurückzufüh-
rende, Erklärung auf Grund der jedem Elemente zuzuweisenden
zwei Eigenschaften eben auch von ihrem Bestreiter Proklos zu den
,,physischen'' Erklärungen gerechnet wird. Ausserdem ist zu
beachten, dass zwar Porphyrios für das Proömium des Timaios
eine ethische Interpretation bevorzugte, während Jamblichos nach
seiner Methode des ,,εἷς σκοπός'' auch hiervon eine physische
Erklärung gab [1]), dass aber Porphyrios' Deutung des ,,Hauptteils''
des Timaios, wie die zahlreichen von Proklos und Philoponos
bewahrten Reste zeigen, sicher als eine ,,physische'' Interpretation
zu betrachten war, wie denn der Timaios schon lange vor Porphyrios als ein φυσικὸς διάλογος gekennzeichnet zu werden pflegte
(vgl. S. 29, Anm. 1) und der Hauptteil als φυσιολογία charakterisiert
wurde (z.B. Proklos In Tim. 7 a, I, S. 19, 25) — es sei hier nur
erinnert an die langen Ausführungen über die ἀρχὴ τοῦ κόσμου.
Es kommt mir daher sehr wahrscheinlich vor, dass, wenn Proklos
an der oben (S. 75) angeführten Stelle sagt, dass Jamblichos
διαφερόντως die physische Interpretation pflegte, er zunächst
daran denkt, dass dieser, wohl als erster, auch das Proömium
φυσικῶς erklärte, und weiter, dass die Worte τῶν ἄλλων . . . καθευδόντων καὶ περὶ τὸ μαθηματικὸν καλινδουμένων μόνον, die, wie wir gerade
gesehen haben, nicht einmal in Bezug auf Porphyrios' Erklärung
der einschlägigen Timaiosstelle, geschweige denn inbetreff seiner
ganzen Timaioserklärung, richtig sind, entweder als ein ,,sweeping
statement'' des für den θεῖος Ἰάμβλιχος begeisterten Proklos oder
auch als die Wiederholung einer der vielen gehässigen Äusserungen
des Jamblichos über seine Vorgänger zu betrachten sind [2]). Auf

---

[1]) Am ausführlichsten hierzu Praechter, a.a.O., S. 528-529.
[2]) Vgl. dazu Praechter a.a.O. (s. die vorige Anmerkung), der besonders hinweist, auf die gehässigen, gegen eine von Porphyrios gegebene Deutung

jeden Fall werden wir die sowohl bei Philoponos als bei Calcidius
vorliegende Betonung der Notwendigkeit, in diesem Fall eine physische Erklärung zu geben, auf die Rechnung des Porphyrios setzen.

Was nun die Herkunft der von Calcidius vertretenen Erklärung
betrifft, so müssen wir zuerst den langen Abschnitt aus Proklos (II,
S. 36, 20-42, 2) berücksichtigen, der mit dem lobenden Referat der
φυσικὴ θεωρία des Jamblichos beginnt. Da ist zunächst zu bemerken,
dass dieses Referat — in dem es sich um die ἔνυλα εἴδη und die
ἔνυλοι δυνάμεις handelt, und das bei Calcidius keine Entsprechung
hat — anfängt mit ὁ μὲν θεῖος Ἰάμβλιχος (S. 36, 24), dem die
Ansicht des Proklos S. 37, 14 durch die oben angeführten Worte
ἡμεῖς δὲ ἑπόμενοι ταῖς φυσικαῖς ἀρχαῖς gegenübergestellt wird; das in
S. 36, 24 angekündigte Referat der Ansicht des Jamblichos endet
also mit S. 37, 14 κατὰ τὸ ὑποκείμενον. Es ist daher nicht unbedingt
sicher, dass die unmittelbar folgende Aufzählung von drei φυσικαὶ
δόξαι von Proklos ebenfalls der Timaioserklärung des Jamblichos
entnommen wurde, aber andererseits ist mit dieser Möglichkeit
sicher zu rechnen. Jedenfalls haben wir es mit einer Doxographie
zu tun, in der die Zuweisung von Eigenschaften an die Elemente in
zwei von den drei Fällen Pythagoreern zugeschrieben wird: Okkelos,
der Lehrer des Timaios, soll ihnen je zwei, Timaios und seine Nach-
folger dagegen je drei Eigenschaften zugeschrieben haben. Die
Annahme von je zwei Eigenschaften, die, wie wir gerade nachgewiesen haben, von Porphyrios für die Erklärung der zwei μεσότητες benutzt wurde, wird nun von Proklos, und vielleicht auch von
Jamblichos, als untauglich verworfen. Müssen wir nun daraus
den Schluss ziehen, dass Porphyrios die Annahme von je drei
Eigenschaften der Elemente verwarf, und dass somit Calcidius,
der sie ja vertritt, hier nicht dem Porphyrios, dann aber wohl dem
Jamblichos folgt? Das ist, abgesehen von dem Umstand, dass die
Zurückführung dieser Annahme auf Jamblichos nicht völlig sicher
sein kann, sehr unwahrscheinlich auf Grund der Tatsache, dass,
wie schon Krause, a.a.O., S. 40, hervorgehoben hat, diese selbe
Theorie von Nemesios referiert wird in einem Abschnitt seines

---

gerichteten Worte des Jamblichos (bei Proklos in Tim. 47 c, I, S. 153, 9-10):
οὐδὲ φιλόσοφος ὁ τρόπος οὗτος τῆς θεωρίας, ἀλλὰ βαρβαρικῆς ἀλαζονείας μεστός.
Die bekannten Worte des Proklos (ebd. 24 d, I, S. 77, 22-24) ὁ φιλόσοφος Πορφύριος, ὃν καὶ θαυμάσειεν ἄν τις, εἰ ἕτερα λέγει τῆς Νουμηνίου παραδόσεως
stammen wohl ebenfalls von Jamblichos (vgl. H. Lewy, *Chaldaean Oracles
and Theurgy* (Le Caire 1956), S. 503, Anm. 23), der ja eine Schrift gegen
Amelios und Numenios gerichtet hat (Proklos a.a.O. 226 b, II, S. 277, 26 ff.).

Werkes, in dem sich mehrere Entlehnungen aus Porphyrios nachweisen lassen. Es kommt mir daher viel wahrscheinlicher vor, dass Porphyrios, der ja gern doxographische Übersichte gab [1]), die beiden Theorien, die wohl schon vor ihm ihren Platz in der Timaioserklärung hatten, referiert und gebilligt hat, und dass Macrobius und Philoponos aus ihm die von zwei Eigenschaften der Elemente ausgehende Erklärung übernommen haben, Calcidius dagegen die drei Eigenschaften annehmende Deutung, während Nemesios in seinem fünften Kapitel die beiden bei Porphyrios vorgefundenen Theorien sowohl referiert als billigt. Dass Calcidius dieselbe Vorlage als Nemesios benutzt hat, geht m.E. auch daraus hervor, dass Nemesios sofort nach seinem Referat der ,,drei Eigenschaften-Theorie'' die stoische Einteilung der Elemente in δραστικά (Feuer und Luft) und παθητικά (Wasser und Erde) erwähnt, und dass sich eine Anspielung auf diese Einteilung bei Calcidius findet in den oben schon angeführten Worten aus Kap. 21: *in naturis ac qualitatibus ipsorum elementorum iuxta quas faciunt aliquid aut patiuntur.*

Ich komme somit zu dem Schluss, dass es am wahrscheinlichsten ist, dass Calcidius den Inhalt der Kapitel 20-22 aus Porphyrios hat. Es ist allerdings sehr wohl möglich, dass Numenios, der sich ja eingehend mit Problemen des Timaios befasst hat, obwohl er keinen laufenden Kommentar geschrieben zu haben scheint [2]), sich auch zu Platons Ausführung über die Verkettung der Elemente geäussert, und dann wohl auch die den Pythagoreern Okkelos und Timaios zugeschriebenen Theorien besprochen hat. Da sich nun aber ein direkter Einfluss des Numenios in den bisher erörterten Kapiteln der ersten Hälfte des calcidianischen Kommentars nicht nachweisen lässt, so ist es bedeutend wahrscheinlicher, dass Calcidius hier dem Porphyrios folgt. Wir werden also die Kapitel 20-22 [3])

---

[1]) Vgl. dazu R. Beutler, Art. *Porphyrios*, P.W. XXII, Kol. 282 und die Praefatio der Ausgabe, S. XC-XCI.

[2]) Vgl. die Besprechung dieser Frage in der Praefatio der Ausgabe, S. XLV, Anm. 1.

[3]) Die Herleitung der Kapitel 21-22 aus Porphyrios vertritt jetzt auch A. R. Sodano, *Su una recente edizione critica del commento di Calcidio al "Timeo,, di Platone*, Giorn. ital. di filol. 16 (1963), S. 341-342, allerdings ohne auf die Schwierigkeit einzugehen, dass auch die ,,zwei Eigenschaften-Theorie'' sich an offenbar von Porphyrios beeinflussten Stellen (Macrobius und Philoponos) vorfindet. Auf die weiteren in diesem Aufsatz enthaltenen Bemerkungen hoffe ich in den nächsten Faszikeln dieser Studien einzugehen; nur möchte ich hier bemerken, dass ich die von Sodano, S. 345, ausgesprochene Vermutung, dass Porphyrios die einzige u n m i t t e l b a r e Vorlage der Ausführung des Calcidius über das *fatum* ist, in der Praefatio der Ausgabe,

ebenso wie die Kapitel 23-25 betrachten als eine porphyrianische

S. LXIII, ebenfalls ausgesprochen habe: „. . . suspicari licebit hanc de fato
doctrinam cum obseruationibus ex Alexandri libro desumptis coniunctam
a Calcidio apud auctorem Numenio et Alexandro posteriorem, et quidem
apud Porphyrium . . ., inuentam esse." Eine weitere Untersuchung erfordert
freilich die Frage, inwieweit Porphyrios Numeniana aufgenommen hat
(s. S. 22, Anm. 2). — Die zwei letzten Kapitel der Einleitung (5-6), in denen
Calcidius die Beziehungen zwischen Staat und Timaios erörtert, wobei in
der Hauptsache das Richtige getroffen wird (vgl. mit Kap. 6 die ausgezeichnete Beschreibung dieser Beziehungen bei Cornford, *Plato's Cosmology²*,
S. 6), wird von Sodano, a.a.O., S. 348-349, auf Grund einer auf Porphyrios
bezüglichen Mitteilung bei Proklos In Tim. 62 c-d (I, S. 202, 2 ff.) mit Porphyrios verbunden. Es ist aber zu beachten, dass es sich bei Calcidius und in
der Proklosstelle um verschiedene Dinge handelt: Calcidius spricht über eine
Gegenüberstellung von *positiva* (im Staat) und *naturalis iustitia*, während
Porphyrios, der ja eine „ethische" Erklärung des Proömiums des Timaios
gegeben hatte (vgl. oben S. 78), ausführt, dass die durch die Lektüre des
Staats gegebene παιδεία in den Hörern jene seelische εὐκοσμία zustande
bringt, die sie dazu befähigt, der εὐκοσμία des Weltalls gleich zu werden und
es auf Grund dieser Gleichheit zu erkennen (in diesem Zusammenhang soll
daran gedacht werden, dass der Satz ὅμοιον ὁμοίῳ γιγνώσκεται bei Porphyrios
eine grosse Rolle spielt). Die Proklosstelle kann somit nicht ohne weiteres
als ein Beweis für Beeinflussung des Calcidius durch Porphyrios in diesen
Kapiteln betrachtet werden. Es darf allerdings als mehr als wahrscheinlich
betrachtet werden, dass Porphyrios, der das Proömium nicht nur ἠθικῶς, sondern auch πολιτικώτερον erklärte (Prokl. I, S. 19, 25), sich zu den Beziehungen
zwischen den zwei Werken ausführlich geäussert hat, und es ist daher nicht
von vornherein ausgeschlossen, dass Calcidius aus diesen Ausführungen den
Inhalt der Kapitel 5 und 6 geschöpft hat, aber wahrscheinlich ist diese Annahme keineswegs. Erstens lässt es sich dann kaum erklären, dass Calcidius
aus der ausführlichen Exegese des Proömiums durch Porphyrios sonst nichts
übernommen hat, sondern nach Art der früheren Timaiosinterpretation
den ganzen Anfang des Dialogs in seiner Kommentierung bewusst übergangen hat (Kap. 4, S. 58, 26-59, 1: *Denique de principio libri, quo simplex
narratio continebatur rerum ante gestarum et historiae ueteris recensitio, nihil
dixi*); vgl. dazu E. Mensching, Gnomon 34 (1962), S. 690; man kann noch
weiter darauf hinweisen, dass schon Krantor die Atlantiserzählung als
ἱστορίαν ψιλήν bezeichnete (Proklos In Tim. 24 a, I, S. 75, 30 ff.), und dass eine
gleichartige Äusserung sich findet bei Galen, Compend. Tim. Plat., Kap. 1,
5-8 Kraus-Walzer: *Huius libri initio sermonis enarratio continetur, quem
Socrates et Critias de re publica et de ueteribus Atheniensibus et de Atlantidis
insulae incolis . . . inter se habuerunt.* Zweitens aber ist zu erwägen, dass die
Beziehungen zwischen Politeia und Timaios eben der Gegenstand des An-
fangs des Timaios sind, und daher wohl von jeher in der Timaiosexegese
erörtert worden sind. Da nun ausserdem der soeben angeführte Satz aus
Kap. 4 durch *Denique* („So habe ich denn") eng an das Vorhergehende
angeschlossen ist, wo es sich noch um die notwendige Erläuterung „techni-
scher Einzelheiten" handelt, betrachte ich es als keineswegs unwahrscheinlich, dass Calcidius auch die Notiz über die Beziehungen zwischen Staat und
Timaios bei Adrastos vorfand, der, wenn auch auf die „technische Erläuterung" konzentriert, diesen für die Erklärung grundlegenden Gegenstand
kaum ganz unerwähnt gelassen haben kann. (Korrekturzusatz)

Einlage in die dem Adrastos entnommene „mathematische" Erklärung, die die Kapitel 8-19 und 32-50 umfasst.

Wir haben hiermit den ersten Teil des Kommentars des Calcidius
in Bezug auf die Quellenfrage vollständig besprochen bis auf
die in den Kapiteln 26-31 und 51-57 enthaltene Ausführung über
Entstehung und Wesen der Weltseele. Diese erfordert eine gesonderte Erörterung, in der auch die ausführlichen auf die menschliche Seele bezüglichen Abschnitte des zweiten Teils des Kommentars zur Sprache kommen müssen. Da nun aber eine solche Erörterung sowohl wegen der Schwierigkeit des Gegenstandes als wegen
der Weitschichtigkeit des heranzuziehenden Materials den Rahmen
dieser Monographie sprengen würde, ziehe ich es vor, ihr ein weiteres
Faszikel dieser Reihe zu widmen. Ich beschränke mich daher jetzt
auf die Feststellung, dass für die Kapitel 1-25, 32-50 und 58-118
die Timaioserklärung des Adrastos und der Timaioskommentar
des Porphyrios als Vorlagen nachgewiesen werden konnten, und
dass die Annahme, dass Calcidius seine Kenntnisse der erstgenannten Schrift der letzteren verdanke und somit nur den Porphyrios herangezogen habe, sich aus mehreren Gründen als unwahrscheinlich erwiesen hat.

REGISTER

NAMENS- UND SACHREGISTER

Die Zahlen verweisen auf die Seiten; hochgestellte Zahlen verweisen auf die Anmerkungen. C. = Calcidius.

84 REGISTER

Proklos über: die Eigenart des Timaios: 29¹.78 das Proömium des Timaios: 80³ οὐρανός und κόσμος: 57 die Planeten: 66 die Beseelung der ἀπλανής: 67 die Erschaffung der Welt: 73 die Göttlichkeit der Zeit: 47 die Ewigkeit: 42² die Eigenschaften der Elemente: 74-79 Abhängigkeit vom Timaioskommentar des Porphyrios: 14¹.72.76¹ Polemik gegen Porphyrios: 60¹ (s. weiter das Stellenregister)
Theon Arbeitsweise: 6. 17 über die Reihenfolge der Planeten: 36

Elemente ob zwei oder drei Eigenschaften besitzend: 75-80

Ewigkeit ein nie endendes Heute: 42²
Kometen 55 f.
Monas 19.21¹
Vorsehung 20-21
Weltseele wie sie sie den Weltkörper durchdringt: 10 ff. ihre Beschaffenheit: ebd.
Zeit Frage ihrer Realität oder Irrealität: 45-47 ihre Göttlichkeit nach Proklos: 47

WORTREGISTER

competentia = ἀναλογία 77¹
coniugabilis = σύζυγος 77¹
consideratio = θεωρία 7³
contemplatio = θεωρία 7³
designatio „Konstellation" 32
epopticus 29¹
intellegentia: prouida— = νοῦς 19
iugabilis = σύζυγος 77¹
mansio = μονή 71
mens: secunda — 19¹
oratio „Text" 31¹
pontificium 62³

prouidentia 20-21 von C. mit νοῦς gleichgesetzt 20
secernere „gesondert darstellen" 28³
stella: —ae = Fixsterne und Planeten 65¹
superstructio 7⁵
uitalia „Eingeweiden" 58²
ἡγεμονικόν Lat. Übersetzungen von — 62³
κόσμος = ἀπλανής 54¹
οὐρανός Etymologien 54; = κόσμος 56 f.

STELLENREGISTER

(Fortgelassen sind Belegstellen für Wortbedeutungen, Etymologien u.dgl.)

Albinos
  Epit. 14, 4 59²
    26 22²
  Prolog. 3 29¹
Alexander Aphrodis.
  In Arist. Met. S. 39, 13 19
  bei Simplikios, In Arist. De caelo S. 1, 1 ff. 54¹
Anon. Parmenideskomm. (ed. Kroll)
  Fol. VII-VIII 48
Arnobius, Adu.nat.
  II 25 19¹
Aristoteles
  De caelo A 9, 278 b 11 ff. 53 ff.
    B 2, 285 a 27-b 8 34
  Eudemos Fr. 10 Ross 29¹
  Met. Γ 2,1003 b 6 ff. 49

  Met. Δ 29,1024 b 19 ff. 49
  Meteor. A 7,344 a 16 ff. 56
  Phys. A 9,192 a 6 ff. 49
    B 1,192 b 30 38
    Δ 10,217 b 32-218 a 3 44 f.
    Δ 12,221 b 23 ff. 49
    Δ 12,221 b 31-222 a 2 45
[Aristoteles]
  De mundo 2,392 a 9 ff. 67¹
Calcidius (ed. Waszink-Jensen)
  Translatio Timaei
    S. 26, 17-19 59²
    29, 5-6 39
    30, 6 43
    30, 6-8 41¹
    30,11-12 47 f.
  Comment. in Timaeum
  Kap. 1-3 27 f.
    4 28¹. 28⁴. 80³

Printed in the United States
By Bookmasters